하늘에서 온 그리스도의 편지

(사도바울이 남긴 예수의 흔적)

글 | 둘로스 데우. C

진리의샘터 **의증서원**

목 차

하늘에서 온 그리스도의 편지

하늘에서 온 그리스도의 편지는 영적인 말씀이 갈급하여 날마다 구하고 찾는 저에게 하나님께서 보내 주신 하늘의 보화와 같이 소중한 생명의 말씀입니다. 그리스도의 편지는 우연히 골목길을 가다가 사람들이 폐지로 버린 헌 책 더미 속에서 발견하게 되었습니다. 저는 먼지로 덮여 있는 책 가운데 "하늘에서 온 그리스도의 편지"라는 표지 제목이 유난히 내 눈에 들어와 먼지를 털어 내고 잠시 서서 보게 되었습니다.

그리스도의 편지를 열어 보니 모두 열두 편으로 되어 있는데 기록되어 있는 내용들이 진정 하늘에서 온 그리스도의 편지였고 하나님께서 저에게 보내 주신 편지였습니다. 때문에 저는 편지에 기록된 말씀을 한 줄 한 줄 읽어 내려가면서 잠시도 눈을 뗄 수가 없었습니다. 왜냐하면 그리스도의 편지에 기록되어 있는 내용들이 모두 하늘의 보화와 같이 너무나 소중하고 귀한 생명의 말씀들이었기 때문입니다.

그래서 저는 책을 가지고 집으로 돌아와 기도하는 마음으로 그리스도의 편지를 읽고 또 읽기를 반복하면서 주야로 읽었습니다. 저는 그리스도의 편지를 보면서 마치 신약 성경에 사도들이 기록한 서신서를 보는 것과 같은 충격과 감동과 은혜의 연속이었습니다. 그런데 그리스도의 편지를 보고 기쁨과 함께 두려움이 몰려와 많은 고민을 하게 되었습니다.

왜냐하면 그리스도의 편지에 기록된 영적인 말씀들이 저는 물론 오늘날 기독교인들이 알고 있는 말씀과 너무나 다르고 충격적인 말씀이기 때문입니다. 그런데 제가 그리스도의 편지에 기록된 내용들을 오늘날 기독교인들에게 전한다면 그에 따른 배척과 핍박과 더불어 받게 될 고통을 생각하니 저는 도저히 감당할 자신이 없었습니다. 그리스도의 편지가 오늘날 기독교인들에게 버림을 받아 폐지로 버려진 것도 바로 이러한 이유 때문이라 생각합니다.

왜냐하면 진리는 언제나 비 진리로부터 핍박을 받았으며 또한 진리를 따라 생명의 좁은 길을 가는 자들은 넓고 평탄한 멸망의 길을 가는 자들로부터 이단으로 몰려 핍박을 받았기 때문입니다. 그래서 구약의 여러 선지자들이나 신약의 예수님과 열두 사도들도 하나님의 말씀을 전하다가 유대인들로 부터 수많은 핍박과 고통을 받은 것입니다.

그러므로 저는 한동안 번민을 하면서 많은 생각을 하였습니다. 그러나 저는 어떠한 위험이 다가온다 해도 진리는 진실로 비 진리는 거짓으로 드러내야 한다는 사명감을 가지고 그리스도의 편지를 한 편 한 편 조심스럽게 다시 정리하여 기록하게 된 것입니다. 하나님께서 하나님의 백성들에게 보낸 편지는 그리스도의 편지뿐만 아니라 하나님의 말씀이 기록되어 있는 성경 말씀 모두가 하나님의 백성들을 구원하여 영원한 생명을 주시기 위한 목적으로 보내 주신 편지입니다. 그런데 하나님께서 무엇 때문에 이 시대에 다시 그리스도의 편지를 보내 주신 것일까요? 그 이유는 오늘날 기독교회, 즉 목회자들이 구원과 영생의 말씀을 기복(祈福)의 말씀으로 왜곡(歪曲)하여 하나님의 백성들을 생명의 길로 인도하지 않고 멸망의 길로 인도하고 있기 때문입니다. 왜냐하면 오늘날 거짓 선지자와 삯꾼목자들은 정확무오(正確無誤)한 하나님의 말씀을 임의(任意)로 가감(加減)하여 각종 교리와 기복(祈福)의 말씀으로 만들어 천국으로 인도해야 할 영혼들을 모두 지옥으로 인도하고 있기 때문입니다.

그러므로 오늘날 기독교인들은 여기에 기록된 하늘에서 온 그리스도의 편지를 통하여 자신의 신앙을 점검해 보고, 지금 내가 가고 있는 길이 참 목자가 인도하는 문이 좁고 가는 길이 협착한 생명의 길인지, 아니면 삯꾼목자가 인도하는 문이 크고 가는 길이 넓고 평탄한 멸망의 길인지를 확인해 보아야 합니다. 만일 하늘에서 온 그리스도의 편지를 보고 지금 자신이 가고 있는 길이 삯꾼목자가 인도하는 문이 크고 가는 길이 넓고 평탄한 멸망의 길이라면 하루속히 참 목자가 인도하는 문이 좁고 가는 길이 협착한 생명의 길로 돌아가야 합니다.

그러면 하나님께서 기뻐하실 것이며 모든 죄를

용서해 주시고 하나님이 계신 천국으로 인도해 주실 것입니다. 기록자는 하늘에서 온 그리스도의 편지를 하나님께서 보내 주신 편지로 믿고 영접하는 분들이 모두 구원을 받고 영생을 얻어 천국에 이르기를 기원합니다.

하늘에서 온 그리스도의
첫 번째 편지

구원과 영생 그리고 천국

하늘에서 온 그리스도의 편지는 하나님께서 오늘
날 기독교인들에게 보내 주신 소중한 생명의 말씀
으로 그동안 성경 속에 깊이 감추어져 있던 하나님
의 영적인 비밀들을 밝히 드러내고 있습니다. 그리
스도의 편지는 모두 열두 편으로 기록되어 있는데
각 편마다 기독교인들이 지금까지 들을 수 없었고

볼 수도 없었던 영계의 비밀 곧 하늘의 보화들이 담겨 있습니다. 그리스도의 첫 번째 편지에는 구원과 영생 그리고 천국으로 가는 길에 대하여 기록되어 있습니다. 왜냐하면 오늘날 기독교인들이 믿고 있는 구원관과 영생 그리고 천국으로 가는 길이 성경에 기록된 예수님의 말씀과 너무나 다르고 왜곡되어 있기 때문입니다.

그러므로 그리스도의 편지는 예수님을 구주로 믿고 신앙생활을 하고 있는 기독교인이라면 어느 누구를 막론하고 반드시 보아야 할 매우 중요한 생명의 말씀들입니다. 그런데 중요한 것은 여기에 기록된 말씀을 보시기 전에 지금까지 알고 있었던 기독교의 교리와 유전(遺傳)으로 인식(認識)된 고정관념을 잠시 내려놓고 보아야 한다는 것입니다. 그러면 하나님의 은혜로 지금까지 잘못 알고 있었던 구원과 영생 그리고 천국으로 가는 길을 분명하고도 확실하게 알게 될 것입니다. 왜냐하면 성경에 기록된 하나님의 뜻과 모든 말씀이 구원과 영생이며 예수님이 이 세상에 오신 목적도 오직 죄인들을 구원하여 영원한 생명을 주시기 위해서 오셨기 때문입니다.

그런데 오늘날 기독교인들이 믿고 있는 구원과 영생이 예수님이 말씀하신 구원과 영생 그리고 천국으로 가는 길이 다르거나 잘못 알고 있다면 영생을 얻을 수 없는 것은 물론 구원도 받지 못하는 것입니다. 그러므로 저는 그리스도의 편지에 기록된 말씀과 예수님이 하신 말씀을 통해서 구원과 영생 그리고 천국으로 가는 길에 대해서 보다 자세히 말씀을 드리려고 하는 것입니다.

이제 예수님이 말씀하신 구원과 영생 그리고 천국으로 가는 길에 대하여 말씀드리겠습니다. 오늘날 기독교인들은 예수를 구주로 믿고 입으로 시인하면 구원 받은 것은 물론 영생을 얻어 사후(死後)에도 천국으로 들어간다는 목사님의 말씀을 믿고 모두 하나님의 아들이 되어 있습니다. 때문에 예수님을 믿는 기독교인들은 예수를 믿음으로 이미 하나님의 아들이 되어 하나님을 아버지라 부르고 있는 것입니다. 심지어 어떤 목사님은 불신자라 해도 운명하기 직전에 예수를 믿고 입으로 시인만 하면 천국에 간다고 입으로 시인하게 하여 천국으로 보내고 있습니다.

그런데 문제는 목사님들이 말씀하는 구원과 영생 그리고 천국에 들어가는 길이 예수님께서 말씀하고 계신 구원과 영생이 너무나 다르고 큰 차이가 있다는 것입니다. 그러면 예수님은 구원과 영생 그리고 천국으로 가는 길을 어떻게 말씀하시고 있는지 성경 말씀을 통해서 알아보기로 하겠습니다. 예수님은 천국으로 가는 길을 두 길로 말씀하고 있는데 한 길은 들어가는 문이 크고 가는 길이 넓고 평탄하여 누구나 쉽게 들어간다는 멸망의 길이며 또 한 길은 문이 좁고 가는 길이 협착하여 찾는 이조차 적은 생명의 길이라 말씀하고 있습니다. 그러면 오늘날 기독교인들이 가는 길은 어떤 길인가요? 문이 좁고 가는 길이 협착하여 찾는 사람조차 적은 생명의 길인가요? 아니면 예수를 믿고 입으로 시인만 하면 누구나 쉽게 들어가는 문이 넓고 가는 길이 평탄한 멸망의 길인가요? 예수님은 생명으로 가는 길을 다음과 같이 말씀하고 있습니다. 예수님은 하나님의 백성들이 구원을 받으려면 먼저 하나님께서 보내 주시는 구원자 곧 하나님의 아들(실존)을 믿어야 한다고 말씀하고 있습니다.

[요한복음 3장 16절-17절] 하나님이 세상을 이처럼 사랑하사 독생자를 주셨으니 이는 저를 믿는 자마다 멸망치 않고 영생을 얻게 하려

하심이니라 하나님이 그 아들을 세상에 보내
신 것은 세상을 심판하려 하심이 아니요 저로
말미암아 세상이 구원을 받게 하려 하심이라.

상기의 말씀은 하나님께서 독생자 예수님을 이
세상에 보내 주신 목적에 대하여 말씀하고 있습니
다. 즉 하나님께서 독생자를 보내 주신 것은 예수를
믿는 자는 모두 멸망하지 않고 영생을 얻게 하려고
보내 주셨다는 뜻입니다. 그리고 하나님께서 예수님
을 보내신 것은 세상을 심판하려고 보낸 것이 아니
라 예수님으로 말미암아 구원을 받게 하려고 보내
주셨다는 것입니다. 때문에 예수님을 믿는 자는 멸
망하지 않고 구원을 받게 된다는 뜻입니다.

그런데 오늘날 목회자들은 이 말씀을 왜곡하여
하나님의 아들을 믿는 자는 이미 영생을 얻었다고
거짓 증거를 하고 있는 것입니다. 그런데 교인들은

목사님의 말씀을 조금도 의심하지 않고 그대로 믿고 있는 것입니다. 때문에 예수님은 다시 요한복음 5장 25절을 통해서 내 음성을 듣는 자가 살아나리라고 말씀하신 것입니다.

> [요한복음 5장 25절] 진실로 진실로 너희에게 이르노니 죽은 자들이 하나님의 아들의 음성을 들을 때가 오나니 곧 이때라 듣는 자는 살아나리라.

예수님은 죽은 자들이 하나님의 아들의 음성을 들을 때가 오는데 아들의 음성을 듣는 자는 살아나리라고 말씀하고 있습니다. 그런데 예수님을 믿는 자는 구원을 받는다는 말씀이나 주의 음성을 듣는 자는 살아나리라고 하신 말씀이 "구원을 받았다"거나 이미 "살았다"는 완료 시제의 의미가 아니라 "구원을 받게 하려함이라" "듣는 자는 살아나리라"는 미래 시제의 의미로 말씀하고 있다는 것입니다. 그런데 오늘날 목회자들은 미래 시제를 완료 시제로 바꾸어 예수를 믿는 자는 "구원을 얻었다" 음성을 듣는 자는 "살았다"라고 거짓 증거를 하고 있습니다. 때문에 예수님은 다시 나는 하늘에서 내려온 산 떡이니 이 떡을 먹으면 영생하리라고 미래 시제로 말씀하시는 것입니다.

> [요한복음 6장 50-51절) 이는 하늘로서 내려오는 떡이니 사람으로 하여금 먹고 죽지 아니하게 하는 것이니라 나는 하늘로서 내려온 산 떡이니 사람이 이 떡을 먹으면 영생하리라.

상기의 말씀은 예수님께서 나는 하늘로서 내려온 산 떡이니 이 떡을 먹는 사람은 죽지 않고 살게 하려는 것이라 말씀하고 있습니다. 그런데 예수님은 나를 믿고 내 음성을 듣고 내가 주는 떡을 먹는 자라 해도 하나님의 뜻대로 행하지 않으면 천국(영생)에 들어가지 못한다고 말씀하고 있습니다.

[마태복음 7장 21절] 나더러 주여 주여 하는 자마다 천국에 다 들어갈 것이 아니요 다만 하늘에 계신 내 아버지의 뜻대로 행하는 자라야 들어가리라.

상기의 말씀과 같이 예수님은 나더러 주여 주여 하며 나(예수님)를 믿고 주의 음성을 듣고 예수님이 주시는 생명의 말씀을 먹는다 해도 내 아버지의 뜻대로 행하지 않으면 천국에 들어가지 못한다고 말씀하고 있습니다. 이와 같이 예수님이 말씀하시는 구원과 영생 그리고 천국으로 가는 길은 오늘날 목사님들이 말씀하고 있는 구원과 영생 그리고 천국으로 가는 길과 너무나 다른 것입니다. 때문에 예수님은 거짓 목자들이 예수를 믿기만 하면 누구나 쉽게 천국에 들어간다는 멸망의 길과 예수님을 믿고 그의 음성을 듣고 예수님이 주시는 산 떡 곧 생명의 말씀을 먹어도 가기가 힘든 생명의 길을 말씀하신 것입니다.

[마태복음 7장 13~14절] 좁은 문으로 들어가라 멸망으로 인도하는 문은 크고 그 길이 넓어 그리로 들어가는 자가 많고 생명으로 인도하는 문은 좁고 길이 협착하여 찾는 이가 적음이니라.

상기와 같이 예수님은 좁은 문으로 들어가라고 말씀하시면서 멸망으로 인도하는 문은 크고 그 길이 넓어 그리로 들어가는 자가 많고 생명으로 인도하는 문은 좁고 길이 협착하여 찾는 이 조차도 적다고 말씀하고 있습니다. 그런데 오늘날 기독교인들은 문이 크고 가는 길이 넓은 평탄한 멸망의 길을 가면서도 생명의 좁은 길로 가고 있다고 믿고 있는 것입니다. 왜냐하면 오늘날 기독교인들은 예수님이 말씀하고 있는 구원과 영생의 말씀은 모두 외면하고 자기 목사님이 예수님을 믿고 입으로 시인만 하면 누구나 구원과 영생을 얻어 천국으로 들어간다는 말씀을 믿고 있기 때문입니다.

이렇게 오늘날 거짓 목자와 삯꾼목자들은 지금도 하나님의 말씀을 가감(加減)하고 왜곡(歪曲)하여 교인들에게 거짓 증거를 하면서 생명의 길이 아닌 멸망의 길로 인도하고 있는 것입니다. 그러므로 하나님께서 목회자들은 물론 하나님의 백성들에게도 "하나님의 말씀을 조금이라도 더하거나 감하지 말라"고 엄히 명하시는 것입니다.

[요한계시록 22장 18절-19절] 내가 이 책의 예언의 말씀을 듣는 각인에게 증거하노니 만일 누구든지 이것들 외에 더하면 하나님이 이 책

목사님들은 이러한 하나님의 말씀을 보고 알면서
도 하나님의 말씀을 임의(任意)로 가감하거나 왜곡
하여 교인들에게 거짓 증거를 하고 있는 것입니다.
왜냐하면 예수님이나 사도들은 구원이나 영생을 모
두 "얻으리라"는 미래 시제로 말씀하고 있는 반면에
목사님들은 예수를 믿는 자는 "이미 구원을 받았다"
고 완료 시제로 바꾸어 거짓 증거를 하고 있기 때문
입니다. 이러한 거짓 목자와 삯꾼목자들 때문에 예수
를 믿어서 구원을 받아야 할 영혼들이 이미 구원을
받았을 뿐만 아니라 하나님의 아들까지 되어 있는
것입니다. 때문에 예수님은 지금도 이런 거짓 목자와
삯꾼목자들에게 이렇게 말씀하고 있는 것입니다.

[마태복음 23장 13절-15절] 화 있을찐저 외식하는 서기관들과 바리새인들이여 너희는 천국 문을 사람들 앞에서 닫고 너희도 들어가지 않고 들어가려 하는 자도 들어가지 못하게 하는도다. 화 있을찐저 외식하는 서기관들과 바리새인들이여 너희는 교인 하나를 얻기 위하여 바다와 육지를 두루 다니다가 생기면 너희보다 배나 더 지옥 자식이 되게 하는도다.

예수님께서 화가 있으리라고 말씀하시는 외식하는 서기관들과 바리새인들은 오늘날 거짓 선지자와 삯꾼목자들을 말씀하고 있습니다. 왜냐하면 오늘날 거짓 선지자와 삯꾼목자들도 천국으로 가는 길과 문을 닫아 놓고 예수를 믿는 자는 이미 구원을 받아 아들이 되었다고 속이면서 천국으로 가는 길을 막아 놓고 교인들을 자신보다 배나 더 지옥 자식을 만들고 있기 때문입니다.

　천국으로 가는 길은 하나님께서 태초부터 만들어 놓으신 길로 애굽(세상 교회)에서 출애굽을 하여 율법(모세)이 있는 광야로 들어가 시험과 연단을 모두 마친 후, 진리와 생명(예수님)이 있는 가나안으로 들어가서 예수님이 주시는 생명의 말씀을 먹고 하나님의 아들로 거듭난 자가 천국으로 들어가는 길입니다. 이렇게 천국으로 가는 생명의 좁은 길은 이스라엘 백성들이 걸어간 길이고 지금도 변함없이 가고 있는 길로, 오늘날 기독교인들도 구원을 받아 하나님의 아들로 거듭나서 천국으로 들어가려면 반드시 이 길을 따라가야 하는 것입니다. 때문에 하나님의 아들이신 예수님이나 베드로를 비롯한 사도들은 구원을 받는 것조차도 어렵고 힘들다고 말씀하고 있는 것입니다.

[누가복음 13장 22절-24절] 예수께서 각성 각촌으로 다니사 가르치시며 예루살렘으로 여행

상기의 말씀은 예수님을 따라다니는 제자 중 한 명이 그동안 예수님의 말씀을 듣고 보니 구원받기가 어렵다는 것을 알고 예수님께 조용히 가서 "구원을 얻는 자가 적으냐?"고 조심스럽게 묻는 것입니다. 그런데 예수님은 "좁은 문으로 들어가기를 힘쓰라"고 말씀하시면서 "좁은 길에서 들어가기를 구하여도 못 들어가는 자가 더 많다"고 충격적인 말씀을 하고 있습니다. 즉 구원을 얻기 위해 좁은 문과 좁은 길을 가면서 들어가기를 힘쓰고 애를 써도 못 들어가는 자가 더 많다는 뜻입니다. 때문에 베드로 사도나 히브리서 저자는 구원에 대해서 이렇게 말씀하고 있는 것입니다.

[베드로전서 1장 5절] 너희가 말세에 나타내기로 예비하신 구원을 얻기 위하여 믿음으로 말미암아 하나님의 능력으로 보호하심을 입었나니.

베드로 사도는 구원이 말세에 나타내기로 예비된 구원이라 말씀하고 있습니다. 이 말씀은 구원이 말세가 준비된 자에게 예비되었다는 뜻입니다. 즉 예수를 믿고 있는 자 중에서 구원받을 준비가 다 된 자가 구원을 받는다는 뜻입니다. 때문에 베드로 사도는 이어서 믿음의 결국은 영혼이 구원을 받는 것이라 말씀하시면서 이 구원에 대해서는 구약에 말씀을 예언하던 선지자들도 부지런히 연구하고 살폈다고 말씀하고 있습니다.

[베드로 전서 1장 9절-11절] 믿음의 결국 곧 영혼의 구원을 받음이라 이 구원에 대하여는 너희에게 임할 은혜를 예언하던 선지자들이

연구하고 부지런히 살펴서 자기 속에 계신 그리스도의 영이 그 받으실 고난과 후에 얻으실 영광을 미리 증거하여 어느 시, 어떠한 때를 지시하시는지 상고하니라.

상기의 말씀은 너희에게 임할 은혜를 예언하던 선지자들이 너희가 받을 구원에 대하여 부지런히 연구하고 살폈다고 말씀하고 있습니다. 그리고 너희가 예수를 믿는 것은 구원의 시작이며 믿음의 결국, 즉 믿음의 완성은 영혼이 구원을 받는 것이라고 말씀하고 있습니다. 그런데 선지자들이 너희라고 말씀하고 있는 "너희"는 오늘날 기독교인들을 말하는 것이 아니라 예수님을 믿고 따르는 예수님의 제자들을 말씀하고 있습니다. 이어서 선지자들 속에 계신 그리스도의 영이 예수님이 받으실 고난과 후에 얻으실 영광을 미리 증거하면서 너희가 받을 구원이 어느 시, 어떠한 때를 지시하시는지 상고하였다고 말씀하고 있습니다. 이렇게 구약의 선지자들도 우리가 믿음으로 받을 구원이 너무 소중하여 많은 관심을 가지고 부지런히 연구하고 살폈다고 말씀하고 있습니다. 때문에 히브리서 저자는 구원을 이같이 큰 구원이라 말씀하시는 것입니다.

[히브리서 2장 3절] 우리가 이같이 큰 구원을 등한이 여기면 어찌 피하리요 이 구원은 처음에 주로 말씀하신 바요 들은 자들이 우리에게 확증한 바니.

히브리서 저자는 "이같이 큰 구원"이라고 말씀하시면서 이렇게 소중한 구원을 "우리"가 등한히 여기면 어떻게 심판을 피할 수 있겠느냐고 말씀하고 있습니다. 즉 구원을 받은 예수님의 사도들이라 해도 구원을 소홀히 여기면 반드시 심판을 받게 된다는 뜻입니다. 이렇게 예수님이나 사도들은 모두 구원받는 것이 대단히 소중한 보물과 같이 위대한 것이라 말씀하고 있습니다. 이렇게 예수님이나 사도들은 구원받는 것조차도 힘들다고 말씀하고 있는데 오늘날 목사님들은 구원이나 영생 그리고 천국에 들어가는 것을 너무나 쉽고 간단히 말씀하고 있는 것입니다.

그럼에도 불구하고 오늘날 기독교인들은 예수님이나 사도들이 하신 말씀보다 목사님들이 하신 말씀을 더 믿고 신뢰하고 있다는 것입니다. 그런데 예수님이 하신 말씀 중에 더욱 놀라운 말씀은 세례 요한 때부터 지금까지 천국은 침노를 당하노니 침노하는 자가 빼앗는다고 말씀하고 있다는 것입니다.

[마태복음 11장 11절-12절] 내가 진실로 너희에게 말하노니 여자가 낳은 자 중에 세례 요한보다 큰 이가 일어남이 없도다. 그러나 천국에서는 극히 작은 자라도 저보다 크니라. 세례 요한의 때부

터 지금까지 천국은 침노를 당하나니 침노하는 자는 빼앗느니라.

예수님께서 세례 요한 때부터 지금까지 천국은 침노를 당하노니 침노하는 자가 천국을 빼앗는다고 충격적인 말씀을 하고 있습니다. 왜냐하면 영적으로 어린 물고기나 짐승의 상태에 있는 존재들은 하나님의 은혜와 도우심으로 구원을 받을 수 있고 가나안 땅에도 들어갈 수 있지만, 가나안에 들어가 사람(여자)으로 거듭난 세례 요한부터는 천국을 침노하듯이 자신의 힘으로 들어가야 하기 때문입니다.

이렇게 하나님이 계신 천국은 애굽과 광야의 과정을 모두 마치고 가나안으로 들어가 사람(여자)으로 거듭난 자 곧 영적으로 세례 요한의 상태가 된 자 만이 천국을 침노하듯이 들어간다는 뜻입니다. 때문에 예수님께서 세례 요한은 여자가 낳은 자 중에 제일 큰 자라고 말씀하신 것입니다. 이와 같이 천국은 세례 요한 때부터 지금까지 그리고 앞으로도 영적으로 세례 요한의 상태가 된 자들만이 들어갈 수 있다는 것을 비사로 말씀하신 것입니다.

그런데 오늘날 삯꾼목자들은 초보 신앙 곧 신앙이 아직 어린(유. 초등학교 상태를 비유) 교인들에게 예수를 믿기만 하면 모두 하나님의 아들이 되어 천국에 들어간다고 거짓 증거를 하며 하나님의 아들을 상품 찍어내듯이 만들어 내고 있는 것입니다. 때문에 예수님은 이런 거짓 선지자와 삯꾼목자들에게 이렇게 말씀하고 있습니다.

[마태복음 7장 22절-23절] 그날에 많은 사람이 나더러 이르되 주여 주여 우리가 주의 이름으로 선지자 노릇하며 주의 이름으로 귀신을 쫓아내며 주의 이름으로 많은 권능을 행치 아니

상기의 말씀은 예수님의 이름으로 선지자 노릇을 하며 목자 노릇을 한 자들이 사후에 심판대 앞에 섰을 때 예수님께서 나는 너희를 도무지 모른다고 하시는 말씀입니다. 그런데 이들은 우리가 주의 이름으로 선지자 노릇을 하며 주의 이름으로 귀신을 쫓아내며 주의 이름으로 많은 권능을 행하였는데 우리를 왜 모르냐고 예수님께 항의하는 것입니다, 그런데 예수님은 내가 너희에게 밝히 말하되 나는 너희를 도무지 알지 못하니 불법을 행하는 자들아 내게서 떠나가라고 말씀하십니다.

왜냐하면 이들이 행한 일들은 하나님과 예수님의 일을 위해서 행한 것이 아니라 예수님의 이름(말씀)

을 가지고 자신을 위한 일, 즉 자기 욕심을 채우기 위해서 자신의 일을 행했기 때문입니다. 이상의 말씀과 같이 오늘날 거짓 선지자와 삯꾼목자들이 말하고 있는 구원관과 영생은 성경을 통해 예수님과 사도들이 말씀하고 있는 구원과는 하늘과 땅의 사이만큼 다른 것입니다. 그러므로 지금 이 말씀을 읽어 보고 생명의 길과 멸망의 길을 올바로 알게 된 분들은 하루속히 삯꾼목자가 인도하는 멸망의 길에서 벗어나 참 목자가 인도하는 생명의 길을 찾아가야 합니다. 만일 간절한 마음으로 생명의 길을 구하고 찾고 두드린다면 하나님께서 도와주실 것입니다.

이상의 말씀은 하늘에서 온 그리스도의 첫 편지에 기록되어 있는 말씀들을 제가 기독교인들이 보고 이해하기 쉽도록 다시 정리하여 기록한 것입니다. 저는 이 글을 보고 하나님께서 보내 주신 말씀으로 믿고 영접하시는 분들은 하루속히 거짓 목자에게서 떠나 참 목자가 인도하는 생명의 길을 찾아서 모두 구원을 받아 천국에 이르기를 바라는 마음으로 기록한 것입니다.

하늘에서 온 그리스도의
두 번째 편지

"너는 나 외에는 다른 신들을 있게 말라"

하늘에서 온 그리스도의 첫 번째 편지에는 구원과 영생 그리고 천국으로 들어가는 길과 그 과정에 대하여 기록되어 있었습니다. 그리스도의 두 번째 편지는 "너는 나 외에는 다른 신들을 있게 말라"는 십계명의 제 1계명에 대하여 말씀하고 있습니다. 그런데 두 번째 편지를 보고 "너는 나 외에 다른 신들을 있게 말라"는 다른 신들이 세상 사람들이 믿고 있는 잡신(귀신)이 아니라 "다른 하나님(아헤림 엘로힘: אֱלֹהִים אֲחֵרִים)"이라는 사실을 알고 큰 충격을 받았습니다.

왜냐하면 나는 지금까지 하나님은 유일신으로 오직 한 분밖에 없다고 알고 있었는데 다른 하나님들이 존재한다고 말씀하고 있기 때문입니다. 다른 하나님이란 곧 거짓 하나님을 말씀합니다. 때문에 요한복음 17장 3절에 "영생은 곧 유일하신 참 하나님과 그의 보내신 자 예수 그리스도를 아는 것이니이다"라고 말씀하고 있는 것입니다. 예수님께서 하나님을 참 하나님이라고 강조하신 것은 거짓 하나님이 존재하고 있기 때문입니다.

저는 성경에 참 하나님과 다른 하나님이 존재하고 있다는 것도 모르고 지금까지 다른 하나님을 참 하나님으로 믿으며 섬기고 있었다는 것을 알았습니다. 그런데 더욱 심각한 문제는 오늘날 목사님이나 기독교인들이 믿고 있는 하나님도 참 하나님이 아니라 다른 하나님이라는 것입니다. 때문에 저는 두려운 마음으로 한동안 많은 고민을 하다가 이러한 사실은 오늘날 기독교인들에게 반드시 알려야 한다는 사명감을 가지고 다시 두 번째 편지를 기록하게 된 것입니다. 이제 그리스도의 두 번째 편지에서 말씀하고 있는 다른 하나님에 대해서 누구나 보고 알수 있도록 자세히 정리하여 말씀드리겠습니다.

성경을 보면 하나님이 한 분이 아니라 두 하나님 곧 참 하나님과 다른 하나님이 있다고 말씀하고 있습니다. 왜냐하면 하나님께서 십계명의 제 1계명에 너는 나 외에 "다른 신들" 곧 "다른 하나님들"을 네게 있게 말라고 명하고 있기 때문입니다. "다른 신들"은 원문 성경에 "다른 하나님(아헤림 엘로힘: אֱלֹהִים אֲחֵרִים

)"이라고 분명하게 기록되어 있는데 성경 번역자들이 '다른 신들'로 오역을 해 놓은 것입니다.

그리고 하나님께서 명하고 계신 일계명의 진정한 뜻은 "내 앞에 '너를 위한 다른 하나님들'을 두지 말라"는 뜻입니다. 다른 하나님이란 "나를 위한 나의 하나님", 즉 나의 필요에 따라 믿을 수도 있고 안 믿을 수도 있는 하나님을 말합니다. 왜냐하면 사람들이 다급 할 때는 하나님을 찾아서 살려달라고 매달리지만 문제가 해결되어 하나님이 필요치 않을 때는 자기 마음대로 버리거나 떠나가기 때문입니다. 이런 자들은 하나님께서 인간들은 물론 만물을 창조하신 창조주이시며, 인간들은 하나님이 만드신 피조물이라는 사실을 모르고 있기 때문입니다. 하나님께서 하나님의 백성들에게 너를 위한 다른 하나님을 두지 말라는 것은 유대인들이나 기독교인들이 지금 믿고 섬기는 하나님이 다른 하나님이기 때문입니다. 그래서 사도 바울은 고린도후서 11장을 통해서 너희는 왜 그리스도(말씀)를 떠나 다른 예수, 다른 영, 다른 복음을 받아들이느냐고 질책하는 것입니다.

[고린도후서 11장 3절-4절] 뱀이 그 간계로 이와를 미혹케 한 것 같이 너희 마음이 그리스도를 향하는 진실함과 깨끗함에서 떠나 부패할까 두려워하노라 만일 누가 가서 우리의 전파하지 아니한 다른 예수를 전파하거나 혹 너희의 받지 아니한 다른 영을 받게 하거나 혹 너희의 받지 아니한 다른 복음을 받게 할 때에는 너희가 잘 용납하는 구나.

사도 바울은 에덴동산의 간교한 뱀이 아담과 하와를 미혹한 것 같이 거짓 선지자나 삯꾼목자들이 너희를 미혹할 때 너희 마음이 그리스도를 향하는 진실함과 깨끗함에서 떠나 부패할까 두렵다고 염려

하고 있습니다. 사도 바울은 이어서 만일 삯꾼목자들이 너희에게 가서 우리의 전파하지 아니한 다른 예수(기복의 예수)를 전파하거나 혹 너희의 받지 아니한 다른 영(악령)을 받게 하거나 혹 너희의 받지 아니한 다른 복음(말씀)을 받게 할 때는 너희가 잘 받아들인다고 한탄하시는 것입니다. 사도 바울이 말씀하고 있는 다른 예수, 다른 영, 다른 복음은 애굽(세상)교회의 제사장(목회자)들이 교인들을 미혹하기 위해서 만들어 섬기고 있는 다른 하나님들을 말하고 있습니다.

이스라엘 백성들과 기독교인들이 평생 동안 하나님과 예수님을 믿고 섬기면서도 영생은 물론 구원도 받지 못하고 죽는 것은 모두 다른 하나님 곧 자기를 위한 하나님을 만들어 섬기고 있기 때문입니다. 그러면 하나님께서 말씀하고 계신 다른 하나님이란 과연 어떤 하나님을 말씀하고 있을까요? "다른 하나님"이란 곧 "다른 말씀"을 말합니다. 왜냐하면 요한복음 1장 1절에 말씀이 곧 하나님이라고 말씀하고 있으며 또한 하나님의 말씀은 정확무오한 생명의 말씀인데 하나님의 말씀을 조금이라도 가감하면 다른 말씀 곧 다른 하나님이 되기 때문입니다.

그러므로 하나님께서 하나님의 말씀은 조금이라도 가감하지 말라고 엄히 명하고 있으며 또한 하나님의 말씀을 조금이라도 더하거나 감하는 자들은 성경에 기록되어 있는 재앙들을 받게 되며 또한 거룩한 성 곧 천국에도 들어가지 못한다고 말씀하고 있는 것입니다.

[요한계시록 22장 18절-19절] 내가 이 책의 예언의 말씀을 듣는 각인에게 증거하노니 만일 누구든지 이것들 외에 더하면 하나님이 이 책에 기록된 재앙들을 그에게 더하실 터이요 만

일 누구든지 이 책의 예언의 말씀에서 제하여 버리면 하나님이 이 책에 기록된 생명나무와 및 거룩한 성에 참예함을 제하여 버리시리라.

상기의 말씀은 이 책에 기록된 예언의 말씀을 조금이라도 더하면 이 책에 기록된 재앙을 더 받게 되고 조금이라도 감하면 생명나무와 거룩한 성 곧 천국에 들어가지 못한다고 말씀하고 있습니다. 그런데 지금까지 보존하고 있는 원초적 성경은 히브리어와 헬라어로 기록되어 있는 원어 성경뿐입니다. 그러면 우리가 지금 보고 있는 한글 성경은 어떤 성경인가요?

지금 우리가 보고 있는 한글판 개역 성경은 본래 원문 성경을 영어로 번역하고 영어 성경을 중국어로 번역하고 중국어 성경을 한글로 번역한 성경입니다. 때문에 오늘날 기독교인들이 보고 있는 개역 성경은 원문 성경을 한글로 번역하는 과정에서 조금씩 가감된 성경입니다. 이렇게 이미 가감되어 있는 한글 성경을 목회자들이 다시 가감하여 각종 교리와 기복의 말씀으로 만들어 교인들에게 전하고 있는 것이 오늘날의 현실입니다.

이렇게 성경 말씀을 가감하여 전하는 오염된 말씀 때문에 구원을 받아 영생을 얻어 천국으로 가야 할 영혼들이 오히려 병이 들고 죽어서 지옥으로 들어가게 되는 것입니다. 왜냐하면 성경에 기록된 하나님의 말씀은 모두 구원과 영생을 위한 말씀인데 목회자들이 각종 교리와 기복의 말씀으로 만들어 교인들을 미혹하여 살려야 할 영혼들을 죽이고 있기 때문입니다. 이러한 삯꾼목자들은 중이 "염불에는 관심이 없고 젯밥에만 가 있다"는 말과 같이 영혼을 구원하는 데는 별 관심이 없고 교인들이 내는 헌금에만 관심이 가 있는 것입니다.

　　때문에 예수님께서 예루살렘 성전 곧 하나님의 교회 안에 채찍을 들고 들어가서 소와 양과 비둘기 파는 사람들을 모두 내어 쫓은 것입니다. 성전(교회) 안에서 제사장(목회자)들이 팔고 있는 소와 양과 비둘기는 성부 하나님과 성자 예수님과 성령 하나님을 비유하여 말씀하신 것입니다. 문제는 지금도 어떤 교회의 목사님들은 교인들에게 '은혜 받을 줄로 믿고 감사하세요. 성령 받을 줄로 믿고 감사하세요.'하며 헌금을 강조하고 있다는 것입니다.

[요한복음 2장 13절-16절] 유대인의 유월절이 가까운지라 예수께서 예루살렘으로 올라가셨더니 성전 안에서 소와 양과 비둘기 파는 사람들과 돈 바꾸는 사람들의 앉은 것을 보시고 노끈으로 채찍을 만드사 양이나 소를 다 성전에서 내어 쫓으시고 돈 바꾸는 사람들의 돈을 쏟으시며 상을 엎으시고 비둘기 파는 사람들에게

이르시되 이것을 여기서 가져 가라 내 아버지
의 집으로 장사하는 집을 만들지 말라 하시니.

상기의 말씀은 예수님께서 성전 안에서 소와 양
과 비둘기 파는 사람들과 돈 바꾸는 사람들이 앉아
있는 것을 보시고 노끈으로 채찍을 만들어 성전 안
에서 모두 내어 쫓으시면서 비둘기(성령) 파는 사람
들에게 내 아버지의 집으로 장사하는 집을 만들지
말라고 진노하신 것입니다. 하나님의 성전(교회) 안
에서 제사장(목사님)들이 팔고 있는 소와 양과 비둘
기는 성부와 성자와 성령을 비유로 말씀하신 것이
며 성전(교회) 안에서 팔고 있는 비둘기는 성령 곧
하나님의 말씀을 비유로 말씀하고 있습니다.

그리고 성전 안에서 돈을 바꾸는 자(목회자)들은
돈(금전)을 바꾸는 것이 아니라 하나님의 형상으로
만들어야 교인들을 가이사의 형상 곧 마귀의 형상

으로 바꾸고 있다는 것을 비사로 말씀하고 있는 것입니다. 때문에 예수님은 매우 진노하셔서 채찍을 들고 성전(교회) 안에서 성령(말씀)을 팔아 장사하며 교인들을 가이사의 형상으로 바꾸고 있는 자들을 모두 내어 쫓으신 것입니다. 문제는 이러한 사건들이 오늘날 교회 안에서도 행하고 있는 일들이라는 것입니다.

구약 성경에 하나님의 백성들이나 오늘날 기독교인들이 멸망을 당하는 것은 구원과 영생의 참 하나님을 떠나서 교리와 기복의 다른 하나님(우상)을 만들어서 섬겼기 때문입니다. 그래서 하나님은 십계명의 제 2계명을 통해서 "너를 위하여 새긴 우상을 만들지 말고 위로 하늘에 있는 것이나 아래로 땅에 있는 것이나 땅 밑 물속에 있는 것의 아무 형상이든지 만들지 말며 그것들에게 절하지 말고 그것들을 섬기지 말라"고 엄히 명하시는 것입니다. 그럼에도 불구하고 유대교는 물론 천주교회도 마리아와 예수님의 형상을 만들어 섬기며 기독교회들도 십자가의 형상과 각종 교리와 유전과 기복으로 다른 하나님을 만들어 섬기고 있습니다.

문제는 오늘날 기독교인들이 지금도 하나님은 오직 한 분이라고 믿고 있으며, 다른 하나님이 있다는 것조차도 모르고 있다는 것입니다. 그러면 오늘날 기독교인들은 어떤 하나님을 믿고 있을까요? 오늘날 기독교인들 역시 참 하나님을 떠나서 교리와 기복의 다른 하나님을 믿고 섬기고 있다는 것입니다. 왜냐하면 오늘날 기독교인들도 거짓 선지자와 삯꾼 목자를 따라 구원과 영생의 하나님을 떠나서 기복의 하나님 곧 육신의 복을 넘치도록 부어 주신다는 다른 하나님을 믿고 섬기고 있기 때문입니다.

하나님은 인간들은 물론 우주와 만물을 창조하신

창조주이시며 또한 인간들의 생사화복을 주관하시는 분이십니다. 때문에 인간들은 하나님이 만드신 피조물들로 하나님의 뜻에 따라 살아야 하며 신앙생활도 하나님의 뜻대로 해야 합니다. 왜냐하면 하나님께서 인간들을 이 세상에 태어나게 하신 목적은 죽을 수밖에 없는 죄인들을 예수님을 통해서 죄를 사해 주고 영생을 얻게 하여 하나님이 계신 천국에서 하나님과 함께 사시려는 것이기 때문입니다.

그런데 하나님의 백성들이 구원과 영생의 하나님에는 관심이 없고 썩어 없어질 세상의 복을 받기 위해 거짓 선지자와 삯꾼목자들을 따라 다른 하나님 곧 공중권세를 잡고 육신의 복을 부어주는 마귀 사탄을 하나님으로 믿고 섬기고 있다는 것입니다. 왜냐하면 유대인들은 태어나면서부터 아브라함의 자녀이며 기독교인들은 예수를 믿음으로 이미 하나님의 아들이 되어 있기 때문입니다. 그래서 유대인들이나 오늘날 기독교인들은 구원과 영생의 참 하나님을 떠나서 다른 하나님, 즉 육신의 복을 넘치도록 부어주는 기복의 하나님을 믿고 섬기고 있는 것입니다. 때문에 사도 바울은 오늘날 기독교인들에게 갈라디아서를 통해 이렇게 말씀하고 있는 것입니다.

[갈라디아서 1장 6절-7절] 그리스도의 은혜로 너희를 부르신 이를 이같이 속히 떠나 다른 복음 좇는 것을 내가 이상히 여기노라 다른 복음은 없나니 다만 어떤 사람들이 너희를 요란케 하여 그리스도의 복음을 변하려 함이라.

상기의 말씀에 그리스도의 은혜로 너희를 부르신 이는 곧 하나님을 말씀하고 있습니다. 그런데 너희를 부르신 하나님을 이렇게 속히 떠나 다른 복음(다른 말씀) 곧 다른 하나님을 쫓아가는 것을 이상이 여긴다고 말씀하고 있습니다. 때문에 사도 바울은

다른 복음은 없다고 말씀하면서 다만 어떤 삯꾼목
자들이 너희를 미혹하려고 그리스도의 복음 곧 구
원과 영생의 말씀을 기복의 말씀으로 왜곡하여 전
하는 것이라 말씀하고 있습니다.

　오늘날 삯꾼목자와 거짓 선지자들이 다른 복음
곧 각종 교리와 기복의 말씀을 만들어 교인들을 미
혹하는 것은 목회자들 안에 들어 있는 욕심과 탐심
때문입니다. 문제는 교인들을 미혹하는 삯꾼목자나
미혹에 빠지는 교인들 모두가 그 안에 욕심과 탐심
이 들어 있다는 것입니다. 때문에 야고보 사도는 욕
심이 곧 죄라 말씀하고 있으며, 사도 바울은 욕심이
나 탐심을 가지고 하나님을 섬기는 자들은 곧 우상
을 숭배하는 것이라 말씀하고 있는 것입니다.

[골로새서 3장 5절] 그러므로 땅에 있는 지체
를 죽이라 곧 음란과 부정과 사욕과 악한 정욕

과 탐심이니 탐심은 우상 숭배니라.

사도 바울이 말씀하고 있는 땅에 있는 지체는 곧 사람들 안에 들어 있는 음란과 부정과 사욕과 악한 정욕과 탐심인데 탐심은 곧 우상숭배라 말씀하고 있습니다. 즉 자기 욕심이나 탐심을 채우기 위해 믿고 섬기는 하나님은 구원과 영생의 하나님이 아니라 교리와 기복의 우상 하나님이라는 뜻입니다. 때문에 하나님은 로마서 1장을 통해서 오늘날 목회자들에게 이렇게 말씀하시는 것입니다.

[로마서 1장 21절-25절] 하나님을 알되 하나님으로 영화롭게도 아니하며 감사치도 아니하고 오히려 그 생각이 허망하여지며 미련한 마음이 어두워졌나니 스스로 지혜 있다 하나 우준하게 되어 썩어지지 아니하는 하나님의 영광을 썩어질 사람과 금수와 버러지 형상의 우

상으로 바꾸었느니라. 그러므로 하나님께서 저희를 마음의 정욕대로 더러움에 내어 버려 두사 저희 몸을 서로 욕되게 하셨으니 이는 저희가 하나님의 진리를 거짓 것으로 바꾸어 피조물을 조물주보다 더 경배하고 섬김이라 주는 곧 영원히 찬송할 이시로다 아멘.

상기의 말씀은 목회자들이 하나님을 알되 하나님을 영화롭게도 아니하며 감사치도 아니하고 오히려 그 생각이 허망해지고 미련한 마음이 어두워져서 스스로 지혜 있다 하나 우준하게 되어 썩어지지 아니하는 하나님의 영광을 썩어질 사람과 금수와 버러지 형상의 우상으로 바꾸었다고 말씀하고 있습니다. 그러므로 하나님께서 목회자들과 교인들의 욕심대로 더러움에 내어 버려 저희 몸을 서로 욕되게 하시는데, 그 이유는 저희가 하나님의 진리를 거짓으로 바꾸어 피조물(목회자)을 조물주(하나님)보다 더 경배하고 섬기고 있기 때문이라는 것입니다. 이러한 현상은 목회자들이나 교인들의 마음 안에 들어 있는 더러운 욕심 때문에 일어나는 일들입니다.

그래서 하나님은 야고보서를 통해 '욕심이 잉태한즉 죄를 낳고 죄가 장성하면 사망하게 된다'고 말씀하고 있는 것입니다. 이렇게 삯꾼목자나 거짓 선지자들이 욕심과 탐심을 가지고 목회를 하는 것은 자신을 죽이고 교인들도 죽이는 행위입니다. 하나님은 이렇게 부패한 교회들과 욕심 많은 삯꾼목자들에게 이사야서를 1장을 통해 이렇게 말씀하고 있습니다.

[이사야서 1장 21절] 신실하던 성읍이 어찌하여 창기가 되었는고 공평이 거기 충만하였고 의리가 그 가운데 거하였었더니 이제는 살인자들뿐이었도다.

하나님은 유대인들의 성읍 곧 유대교회를 바라보시면서 신실하던 성읍이 어찌하여 창기가 되었느냐고 한탄하시며 그곳에 공평이 충만하였고 의리(진리)가 그 가운데 거하였었더니 이제는 살인자들뿐이라고 말씀하고 있습니다. 하나님의 성전은 죽은 영혼을 구원하고 살리는 곳이 바로 하나님의 성전이요 교회입니다. 그런데 그 성전 안에 공평이 충만하고 하나님의 의(진리)가 거하던 성읍(교회)이 영혼들을 죽이는 살인자들뿐이라고 한탄하시는 것입니다. 때문에 하나님은 다시 예레미야서를 통해서 하나님의 전(교회)을 이렇게 말씀하고 있습니다.

[예레미야서 7장 4절-7절] 너희는 이것이 여호와의 전이라, 여호와의 전이라, 여호와의 전이라 하는 거짓말을 믿지 말라 너희가 만일 길과 행위를 참으로 바르게 하여 이웃들 사이에 공의를 행하며 이방인과 고아와 과부를 압제하

지 말며 무죄한 자의 피를 이곳에서 흘리지 아니하며 다른 신들을 좇아 스스로 해하지 아니하면 내가 너희를 이곳에 거하게 하리니 곧 너희 조상에게 영원 무궁히 준 이 땅에니라.

하나님께서 너희는 이것이 여호와의 전이라, 여호와의 전이라, 여호와의 전이라 하는 거짓말을 믿지 말라고 반복해서 말씀하고 있습니다. 왜냐하면 삯꾼목자들이 하나님의 전이라는 성전(교회) 안에서 다른 신(하나님)을 좇으며 불의를 행하면서 이방인과 고아와 과부(영적)를 압제하며 무죄한 자의 피를 흘리고 있기 때문입니다. 삯꾼목자들이 좇는 다른 신은 다른 하나님을 말씀하고 있으며 이들이 압제하며 피를 흘리는 이방인과 고아와 과부는 진리 곧 생명의 말씀을 찾고 있는 영적인 나그네들(이단자들)을 비유로 말하고 있습니다.

그래서 하나님은 너희가 만일 지금이라도 가는 길과 행위를 참으로 바르게 하고 이웃들 사이에서 공의를 행하며 이방인과 고아와 과부를 압제하지 말며 무죄한 자의 피를 이곳에서 흘리지 아니하고 다른 신들 곧 다른 하나님들을 좇아 행하지 아니하면 내가 너희를 아브라함에게 약속하신 땅 곧 젖과 꿀이 흐르는 가나안에 살게 하여 주시겠다고 말씀하고 있는 것입니다. 즉 너희(목회자)가 지금까지 다른 하나님을 섬기며 불의를 행하며 영혼들을 죽인 죄를 모두 회개하고 이제 부터라도 참 하나님(생명의 말씀)께 돌아와서 진리를 찾는 나그네 고아 과부들을 구원하고 살린다면 너희들을 용서해 주고 가나안 땅에서 살게 해 주시겠다는 것입니다.

그럼에도 불구하고 오늘날 거짓 선지자와 삯꾼목자들 그리고 그에 따른 교인들은 회개할 생각도 하지 않고 지금도 다른 하나님을 섬기고 있는 것이 오늘날의 현실입니다. 때문에 하나님은 그리스도의 두 번째 편지를 통하여 유대교회나 오늘날 기독교회들을 향해 너희는 왜 참 하나님을 떠나 다른 하나님 곧 교리와 기복의 하나님을 만들어서 우상과 같이 섬기느냐고 질책하시는 것입니다.

저는 그리스도의 두 번째 편지에 기록된 말씀들을 보고 너무나 큰 충격을 받고 한동안 많은 고민을 하였습니다. 왜냐하면 이러한 사실들이 기독교인들에게 알려지면 그에 따른 핍박과 고통이 따르기 때문입니다. 그러나 이러한 사실들은 저에게 아무리 큰 위험이 닥친다 해도 오늘날 기독교인들에게 반드시 알려야 한다는 사명감을 가지고 교인들이 보고 이해할 수 있도록 조심스럽게 다시 정리하여 기록한 것입니다.

그러므로 이 편지를 보신 분들은 지금 자신이 믿

고 섬기는 하나님이 참 하나님인지 아니면 다른 하나님인지를 확인해 보아야 합니다. 만일 지금 자신이 믿고 섬기는 하나님이 기복의 다른 하나님이라면 하루속히 참 목자가 인도하는 참 하나님을 찾아가야 합니다. 만일 이 말씀을 보시고 간절한 마음으로 참 하나님과 참 목자를 찾는다면 하나님께서 도와주실 것이며 또한 참 목자를 만나 영생에 이르게 될 것입니다. 저는 그리스도의 편지를 보신 분들은 모두 참 목자를 만나서 하나님의 뜻이 하늘에서 이루어진 것 같이 땅에서도 이루어지기를 바라며 기원합니다. "아멘"

하늘에서 온 그리스도의
세 번째 편지

누가 너를 하나님의 아들로 낳았는가?

그리스도의 세 번째 편지는 하나님께서 기독교인들을 향해 "누가 너를 하나님의 아들로 낳았는가?"라는 말씀입니다. 이 질문에 저는 물론 기독교인들 모두가 하나님이 낳았다고 자신 있게 대답을 합니다. 왜냐하면 오늘날 기독교인들은 목사님의 말씀에 따라 예수를 믿음으로 모두 하나님의 아들이 되어서 하나님을 아바 아버지라고 부르고 있기 때문입니다. 저도 그리스도의 편지를 보기 전에는 하나님께서 나를 낳았다고 믿고 있었습니다.

그런데 그리스도의 편지를 열어 보니 나는 목사님의 말씀에 따라 하나님의 아들로 낳음을 받았다고 믿고 있는 것이지, 하나님이 낳으신 것이 아니라는 사실을 알게 되었습니다. 즉 나를 하나님의 아들로 낳은 것은 목사님이지 하나님이 아니라는 뜻입니다. 저는 그리스도의 세 번째 편지를 보고 또다시 큰 충격을 받았습니다. 왜냐하면 하나님께서 하나님의 아들로 낳은 자와 목사님의 말씀을 듣고 아들로 낳았다고 믿고 있는 자는 곧 산 자와 죽은 자로 하늘과 땅과 같이 다르기 때문입니다.

저는 그리스도의 편지를 보고 또 보며 오늘날 기독교인들은 물론 교회의 목사님들도 성경 말씀을 너무 모르고 있거나 말씀을 왜곡하고 있다는 것을 알게 되었습니다. 오늘날 목사님들은 신학대학에서 신학 학문을 모두 마치고 목사님이 되셨기 때문에 성경 말씀을 잘 알고 계신다고 믿고 있었습니다. 그리고 교인들 역시 날마다 성경 말씀을 열심히 보는데 어떤 교인은 성경을 몇 번씩 쓰는 교인들도 있습니다. 때문에 목사님은 물론 교인들도 성경 말씀을 잘 알고 있는 줄로 알고 있었습니다. 그런데 성경 말씀을 잘 알고 있는 목사님과 교인들이 하나님께서 "오늘날 내가 너를 낳았다"고 하신 말씀이 누구를 낳았다고 하신 말씀인지도 모르고 모두 하나님께서 나를 낳았다고 믿고 있는 것입니다.

이렇게 오늘날 기독교인들은 성경을 아전인수(我田引水)로 보면서 자신에게 이로운 말씀은 나에게 주신 말씀이고 불리한 말씀은 다른 사람에게 하는 말씀이라고 치부해 버리는 것입니다. 하나님께서 "네가 내 아들이라 오늘날 내가 너를 낳았다"고 하신 말씀은 기독교인들이 아니라 예수님에게 하신 말씀입니다. 왜냐하면 하나님께서 하나님의 아들로 낳으신 분은 오직 예수님 한 분이시며 예수님 이외에는 아들로 낳은 적이 없다고 말씀하고 있기 때문입니다.

> [히브리서 1장 5절] 하나님께서 어느 때에 천사 중 누구에게 네가 내 아들이라 오늘날 내가 너를 낳았다 하셨으며 또다시 나는 그에게 아버지가 되고 그는 내게 아들이 되리라 하셨느뇨.

상기의 말씀은 하나님께서 어느 때에 천사 중 누구에게 "네가 내 아들이라 오늘날 내가 너를 낳았다고 말한 적이 있느냐?"고 묻는 말씀입니다. 즉 하나님은 유대인들이나 기독교인들은 물론 천사들 중에서도 네가 내 아들이라 오늘날 내가 너를 낳았다고 말씀하신 적이 없다는 뜻입니다. 하나님은 또 다시 "나는 그에게 아버지가 되고 그는 내게 아들이 되리라고 말한 적이 있느냐?"고 묻고 있습니다. 즉 하나님은 예수님 이외의 사람에게 "나는 그에게 아버지가 되고 그는 내 아들이 되리라고 말씀하신 적이 없다"는 뜻입니다. 그런데 오늘날 목사님들이나 기독교인들은 이 말씀을 왜곡하여 하나님께서 오늘날 나를 낳았고 또한 하나님께서 나를 낳았기 때문에 하나님은 내 아버지가 되고 나는 하나님의 아들이라고 큰소리를 치며 거짓 증거를 하고 있는 것입니다.

이러한 행위는 하나님의 것을 "도적질 하지 말라"는 제 8계명을 범하고 있는 것입니다. 즉 오늘날 기독교인들은 하나님의 말씀을 도적질하고 하나님의 아들을 도적질하여 하나님의 아들이 되어 있는 것입니다. 하나님의 아들은 예수를 믿는다 해서 상품을 찍어내듯이 순간에 태어나는 것이 아니라 하나님의 아들로 태어나는 여러 과정과 정해진 기간을 통해서 태어나게 됩니다. 왜냐하면 사람의 아들이 태어나거나 강아지가 태어나는데도 태어나는 과정과 기간을 통해서 태어나기 때문입니다. 그런데 어떻게 천하보다 더 귀한 하나님의 아들이 예수를 믿는다고 순식간에 태어나느냐 하는 것입니다. 이렇게 예수를 믿어서 순간에 태어난 하나님의 아들들은 사람의 아들은 물론 강아지만도 못한 자들로 마치 상품과 같은 자들입니다.

하나님의 아들 곧 예수님이 태어나는 과정과 기간은 마태복음 1장을 통해서 자세히 말씀하고 있습니다. 예수님은 아브라함으로부터 시작하여 다윗까지 열네 대, 다윗에서 바벨론 포로까지 열네 대, 바벨론 포로에서 예수가 태어나기까지 열네 대, 모두 사십 이대 만에 태어나서 오셨다고 말씀하고 있습니다.

때문에 구약 성경은 오실 메시아(구원자), 즉 예수님이 태어나기까지의 과정을 기록하고 있는 것이며 신약 성경은 오신 메시아(구원자), 곧 하나님의 아들로 태어나신 예수님이 이 세상에 구원자로 오셔서 죄인들을 구원하고 살려서 하나님의 아들로 창조하는 과정을 기록한 것입니다. 이렇게 하나님의 아들로 태어나려면 여러 과정과 오랜 기간을 통해서 하나님의 아들로 창조되어 태어나게 되는 것입니다.

그런데 오늘날 신학교에서는 4년 동안 신학 학문을 가르쳐서 해마다 수천 명 혹은 수만 명씩의 목사들을 만들어 내고 있으며, 신천지라는 교회의 교주는 교인들에게 요한 계시록을 6-8개월 동안 가르쳐 일 년에 십만 명씩 하나님의 자녀를 만들어 내고 있습니다. 문제는 사람의 자녀는 물론 하나님의 아들도 하나님의 말씀을 가르친다 해서 아들이 되는 것이 아니라 하나님의 생명으로 낳아야 하나님의 아들이 된다는 것입니다. 때문에 하나님의 생명을 소유하신 예수님도 삼년 반 동안 자신의 살과 피를 먹여서 아들을 12명밖에 못 낳았으며 또한 사도 바울이 낳은 아들도 디모데 디도 오네시모 등 몇 사람밖에 없었던 것입니다.

때문에 사도 바울은 이 세상에 말씀을 가르치는 스승은 수만 명이 있어도 하나님의 생명으로 아들을 낳는 아비는 적다고 말씀하신 것입니다. 그럼에도 불구하고 오늘날 목사님들은 하나님의 아들을 마치 공장에서 상품을 찍어내듯이 교인들에게 예수를 믿고 입으로 시인하게 하여 순식간에 만들어 내는 것입니다. 왜냐하면 목사님들도 예수를 믿고 입으로 시인하여 순간에 하나님의 아들이 된 자들이기 때문입니다. 그런데 문제는 기독교인들이 성경을 날마다 보면서도 이렇게 황당한 거짓말을 조금도 의심 없이 믿고 있다는 것입니다. 때문에 예수님은 이런 자들에게 나는 너희를 도무지 모른다고 말씀하시는 것입니다.

그날은 사후에 심판 받는 날을 말합니다. 심판 날에 많은 사람들이 예수님에게 주여 주여 우리가 주의 이름으로 선지자(목사) 노릇을 하며 주의 이름으로 귀신을 쫓아내며 주의 이름으로 많은 권능을 행치 아니하였나이까 하며 큰소리치지만, 그때 예수님은 저희에게 분명히 말씀하시되 내가 너희를 도무지 알지 못한다고 말씀하시면서 불법을 행하는 자들아 내게서 떠나가라고 말씀하십니다. 왜냐하면 이들은 주의 이름 곧 예수의 말씀을 가지고 자기 사업을 하면서 불법 곧 교리와 기복의 말씀으로 영혼들을 미혹하여 병들게 하고 죽인 자들이기 때문입니다.

문제는 기독교인들이 이런 거짓 목자와 삯꾼목자들의 말을 조금도 의심하지 않고 믿고 따르고 있다는 것입니다. 때문에 이런 자들은 사후에 지옥문 앞에서 지옥문을 붙잡고 슬피 울며 이를 갈게 되는 것입니다. 이들은 살아생전에 예수를 믿음으로 하나님의 아들이 되어 천국으로 들어간다고 자부했던 자들입니다. 오늘날 기독교회의 더욱 심각한 문제는 오늘날 기독교의 목사님들이 다른 예수, 즉 예수님은 육신의 씨를 받지 않은 처녀의 몸에 성령이 잉태하여 태어났다는 신화적 예수를 만들어 섬기고 있다는 것입니다.

그러나 성경 마태복음 1장을 보면 예수님은 조상의 혈통(씨)을 이어 받아 태어나셨다고 예수님의 족보를 기록하고 있을 뿐만 아니라 성경 여러 곳을 통해서 예수님은 성령으로 잉태한 것이 아니라 육신의 씨 곧 다윗의 씨를 받고 태어났다고 분명하게 말씀하고 있습니다.

[로마서 1장 3절-4절] 이 아들(예수님)로 말하면 육신으로는 다윗의 혈통(씨)에서 나셨고 성결의 영으로는 죽은 가운데서 부활하여 능력으로 하나님의 아들로 인정되셨으니 곧 우리 주 예수 그리스도시니라.

상기의 말씀에 "이 아들"은 예수님을 말씀하고 있습니다. 그런데 예수님의 육신은 다윗의 혈통으로 나셨다고 말씀하고 있는데 원문에 혈통이란 단어는 "스페르마($\sigma\pi\acute{\epsilon}\rho\mu\alpha$)"로 기록되어 있으며 뜻은 "씨"

입니다. 이렇게 예수님의 육신은 인간들과 동일하게 다윗의 혈통(씨)인 요셉(예수님의 아버지)의 씨를 받아 태어났다고 말씀하고 있습니다. 그리고 예수님 안에 있는 성결의 영(성령) 곧 하나님의 생명은 하나님의 능력으로 죽은 자 가운데서 부활되어 하나님의 아들(성령의 잉태)로 태어나 예수 그리스도가 되셨다고 말씀하고 있습니다. 즉 예수님도 하나님의 생명(능력)으로 거듭나기 전에는 죄인들과 동일한 인간으로 죽은 자들 가운데 있었다는 뜻입니다. 이렇게 예수님의 "육신"은 다윗의 씨를 받아 태어나셨고, "성결의 영(성령)" 곧 예수님 안에 임한 "하나님의 생명"은 하나님의 능력으로 죽은 자들 가운데서 부활하여 하나님의 아들로 태어나셨다고 분명하게 말씀하고 있습니다.

때문에 누가복음 3장 23절 이하의 말씀을 통해서 "예수님은 요셉의 아들"이라 말씀하시며 예수님의 조상에 대하여 낱낱이 기록하고 있는 것입니다. 이렇게 예수님의 제자인 "누가"도 마태와 같이 예수님의 조상에 대한 족보를 기록하여 예수님께서 사람의 씨를 받고 태어나셨다는 것을 증명하고 있는 것입니다. 때문에 예수님 자신도 하나님의 아들이라는 말보다 인자(人子) 곧 "사람의 아들"이라는 말을 자주 하신 것입니다.

그러므로 예수님은 요한복음 3장 6절을 통해서 "육으로 난 것은 육이요 성령으로 난 것은 영이라"고 분명하게 말씀하신 것입니다. 예수님께서 이렇게 말씀하신 것은 육신은 육으로 낳고 영은 영으로 낳는 것이지 영(성령)으로 육신을 낳거나 육신이 영(성령)을 낳을 수 없다는 뜻입니다. 때문에 예수님은 다윗의 씨로 태어나신다는 것을 요한복음 7장과 사도행전 13장을 통해서도 분명히 말씀하고 있습니다.

[요한복음 7장 42절] 성경에 이르기를 그리스도는 다윗의 씨로 또 다윗의 살던 촌 베들레헴에서 나오리라 하지 아니하였느냐.

[사도행전 13장 23절] 하나님이 약속하신 대로 이 사람(다윗)의 씨에서 이스라엘을 위하여 구주를 세우셨으니 곧 예수라.

상기의 말씀과 같이 그리스도 곧 예수님은 다윗의 씨로 다윗이 살던 마을 베들레헴에서 태어난다고 말씀하고 있습니다. 그리고 사도행전을 통해서도 다윗의 씨에서 이스라엘을 위하여 구주를 세우셨으니 곧 예수라고 말씀하고 있습니다. 그 뿐만 아니라 예수님 자신도 요한계시록을 통해서 나는(예수님) 다윗의 뿌리(씨)요 다윗의 자손이라고 분명하게 말씀하고 있습니다.

상기의 말씀은 예수님께서 직접 '나는 다윗의 뿌리요 자손이라' 말씀하시면서 '나는 광명한 새벽 별이라' 말씀하고 있습니다. 그리고 예수님은 내 사자 곧 요한을 보내서 내게서 들은 말씀과 내가 보여준 것들을 증거하게 하였다고 말씀하고 있습니다. 때문에 요한은 예수님이 보낸 사자로 예수님이 하신 말씀들을 듣고 대언한 대언자이며 하나님의 아들이 아닙니다. 이상의 말씀과 같이 예수님(육신)은 다윗의 씨를 받고 태어나 오신 분이지 처녀의 몸에 성령으로 육신이 잉태하여 오신 분이 아닙니다. 때문에 예수님을 육신의 씨를 받지 않고 성령으로 잉태하여 태어나 오셨다고 말하는 자들은 거짓 선지자이며 적그리스도라고 말씀하시는 것입니다.

오늘날 기독교인들이 하나님과 예수님을 믿는 것은 곧 하나님과 예수님이 하신 말씀을 믿는 것입니다. 그런데 성경에 기록된 하나님의 말씀을 믿지 않는 것은 곧 하나님을 믿지 않는 것입니다. 그래서 하나님께서 육체로 태어나 오신 예수를 믿지 않은 자들은 적그리스도라 말씀하는 것입니다. 왜냐하면 오늘날 기독교인들은 성경대로 육체로 오신 예수를 부인하고 사도신경에 기록된 예수 곧 처녀의 몸에 성령이 잉태하여 오셨다는 신화적 예수를 믿고 섬기기 때문입니다.

[요한일서 4장 1절-3절] 사랑하는 자들아 영을 다 믿지 말고 오직 영들이 하나님께 속하였나 시험하라 많은 거짓 선지자가 세상에 나왔음이니라 하나님의 영은 이것으로 알찌니 곧

예수 그리스도께서 육체로 오신 것을 시인하는 영마다 하나님께 속한 것이요 예수를 시인하지 아니하는 영마다 하나님께 속한 것이 아니니 이것이 곧 적그리스도의 영이니라 오리라 한 말을 너희가 들었거니와 이제 벌써 세상에 있느니라.

상기의 말씀은 오늘날 기독교인들에게 이 세상에 많은 거짓 선지자 곧 적그리스도가 나와 있으니 그들이 전하는 말씀을 모두 하나님의 말씀(그리스도의 영)이라고 믿지 말고 영들(말씀들)이 하나님께 속 하였나 시험(확인)해 보라는 것입니다. 왜냐하면 지금 수많은 거짓 선지자 곧 적그리스도들이 이 세상에 나와 하나님의 백성들을 미혹하고 있기 때문입니다.

본문을 통해서 말씀하고 있는 "영"은 원문 성경

에 "프뉴마(πνεῦμα)"로 뜻은 "하나님의 영(말씀)" 곧 참 목자와 거짓 선지자들이 전하고 있는 "말씀"을 말하고 있습니다. 그리고 하나님께서 영(말씀)을 시험해 보라는 것은 지금 많은 거짓 선지자가 이 세상에 나타나서 하나님의 말씀으로 하나님의 백성들을 미혹하여 천국이 아닌 지옥으로 보내고 있기 때문입니다. 그러므로 하나님께서 상기의 말씀을 통해 하나님의 영(말씀)과 적그리스도의 영(말씀)을 분별할 수 있는 방법을 가르쳐 주신 것입니다.

하나님의 영과 적그리스도의 영을 분별하는 방법은 오늘날 예수 그리스도께서 육체로 오신 것을 시인하는 영(말씀)은 하나님께 속한 영(말씀)이며 오늘날 예수 그리스도께서 육체로 오신 것을 부인하는 영(말씀)은 적그리스도의 영(말씀)이라 말씀하고 있습니다. 즉 예수님께서 육신의 씨를 받아 태어난 후 성령 곧 하나님의 말씀(생명의 말씀)으로 거듭나서(부활하여) 하나님의 아들로 오셨다고 전하는 말씀은 그리스도의 영(말씀)이며 예수님께서 육신의 씨를 받지 않은 처녀의 몸에 성령으로 육신이 잉태하여 오셨다고 증거하는 말씀은 적그리스도의 영(말씀)이라는 뜻입니다.

그럼에도 불구하고 오늘날 기독교인들은 사도신경에 "예수께서 동정녀 마리아에게서 태어나셨다"는 말씀 때문에 지금까지 예수님은 육신의 씨를 받지 않은 처녀의 몸에 성령으로 육신이 잉태되어 오셨다는 것을 조금도 의심하지 않고 믿어 오고 있는 것입니다. 그러나 성경에는 예수님께서 그의 모친 마리아가 요셉의 씨를 받아서 태어나셨다고 분명하게 말씀하고 있습니다.

왜냐하면 성경을 보면 예수님의 부모 요셉과 마리아가 예수님이 태어난 지 팔일 만에 아기 예수를 데리고 죄인들이 받는 할례, 즉 유아세례를 받게 하였고(누가복음2:21~24) 또한 예수님이 장성한 후 30세가 되던 해에 예수님 자신이 요단강으로 나아가 세례 요한으로부터 세례를 받았다고(마태복음 3:13~17) 분명하게 기록되어 있기 때문입니다. 만일 예수님께서 육신의 씨를 받지 않고 성령으로 태어났다면 죄인들이 받는 할례나 세례를 받을 수도 없고 받아서도 안 되는 것입니다. 이렇게 성경은 예수님이 성령으로 육신이 잉태한 것이 아니라 마리아가 요셉의 씨를 받아 잉태하여 태어나셨다고 기록되어 있습니다.

그리고 예수님 안에 성령이 잉태되어 하나님의 아들로 태어나신 시점은 예수님이 장성한 후 30세에 요단강으로 나아가 세례 요한으로부터 세례를 받을 때입니다. 왜냐하면 예수님께서 30세에 요단강으로 나아가 세례 요한에게 세례를 받을 때 "하늘이 열리고 하늘로부터 비둘기 같은 하나님의 성령이 임하였으며(성령의 잉태)" 이때 하나님께서 "이는 내 사랑하는 아들이요 기뻐하는 자"(마태복음 3:16~17)라고 말씀하셨기 때문입니다. 이렇게 예수님에게 성령이 잉태되어 하나님의 아들로 태어난 시점은 어린아이 때가 아니라 예수님이 장성한 후 30세라고 분명하게 말씀하고 있습니다.

그런데 오늘날 기독교인들은 사도신경 때문에 지금까지 예수님은 육신의 씨를 받지 않고 성령으로 잉태되어 오셨다고 주장하고 있는 것입니다. 이와 같이 기독교인들은 지금까지 육신의 씨를 받고 태어나 오신 예수님은 부인하며, 처녀의 몸에 성령으로 잉태하여 태어나 오셨다는 신화적 예수를 믿고 있는 것입니다. 그러면 오늘날 육체로 태어나 오신 예수를 부인하는 적그리스도는 누구를 말씀하고 있는 것일까요? 적그리스도는 지금도 육체로 오신 예수를 부인하고 대적하며 핍박하고 죽이는 자들입니다. 그리고 적그리스도는 앞으로 나타나는 것이 아니라 지금 우리 주변에 수없이 많은 적그리스도가 존재하고 있는 것입니다.

때문에 저는 그리스도의 세 번째 편지를 보고 너무나 큰 충격을 받아 두렵고 떨리기까지 하였습니다. 그래서 저는 누구에게 말도 못하고 혼자 두려움 속에서 많은 고민을 하게 되었습니다. 왜냐하면 이러한 사실이 기독교인들에게 알려지면 예수님과 사도들과 같이 나도 핍박을 받게 되는 것은 물론 위험에 처할 수 있다는 생각 때문입니다. 그러나 저는 어떠한 위험이 다가온다 해도 이러한 사실은 반드시 알려야 한다는 사명감을 가지고 세 번째 편지를 조심스럽게 다시 정리하여 기록하였습니다. 제가 이렇게 하늘에서 온 그리스도의 편지를 계속해서 기록하는 것은 적그리스도와 삯꾼목자에게 미혹되어 죽

어가는 영혼들이 하루속히 그곳에서 벗어나 참 목
자를 찾아 구원을 받고 생명에 이르기를 바라는 마
음에서입니다. 끝으로 저는 하늘에서 온 그리스도의
편지를 보신 모든 분들이 모두 참 목자를 찾아 하나
님의 생명으로 거듭나서 천국으로 들어가기를 간절
히 기원합니다.

하늘에서 온 그리스도의
네 번째 편지

세상의 끝(종말)과 주의 임하심

　그리스도의 네 번째 편지에는 하나님께서 말세(末世) 곧 세상의 끝(종말)과 주님의 임하심에 대하여 말씀하고 있습니다. 세상의 끝 곧 말세는 언제이며 주님은 언제 오시는 것일까요? 저는 예수님께서 마태복음 24장을 통해서 말씀하신 세상의 끝은 언제이며 그리고 다시 오신다는 주님은 언제 오시는

지 알고 싶었지만 아는 사람도 없고 알려주는 사람도 없어 매우 궁금하였습니다. 그런데 그리스도의 네 번째 편지를 열어 보니 제가 그동안 알고 싶었던 세상의 종말(終末)과 주님의 임하심에 대하여 자세히 말씀하고 있어 긴장과 충격 속에서 반복하여 보고 또 보았습니다.

왜냐하면 그리스도의 편지에는 내가 지금까지 교회에서 듣고 알고 있었던 세상의 종말이나 주님의 임하심이 너무 다르고 충격적이었기 때문입니다. 문제는 오늘날 기독교인들은 물론 목사님들도 세상 끝(종말)을 이 세상이 멸망하는 날로 알고 있으며, 주님의 임하심도 천사장의 나팔 소리와 함께 하늘의 구름을 타고 오신다고 지금도 기다리고 있다는 것입니다. 그런데 그리스도의 편지를 보니 세상의 끝이나 주의 임하심이 모두 영적인 의미로 말씀하고 있으며 교인들 개개인 안에서 일어나는 영적인 사건들을 말씀하고 있다는 것입니다.

저는 그리스도의 편지를 보고 오늘날 목회자들이나 교인들이 예수님께서 말씀하고 계신 세상의 끝이나 주의 임하심의 영적인 뜻을 전혀 모르고 있다는 것을 알게 되었습니다. 왜냐하면 하나님의 말씀은 밭에 감추어 놓은 보화와 같이 말씀 속에 감추어져 있는 영적인 비밀들로 하나님의 생명으로 거듭나 영안이 열린 자가 아니면 볼 수도 없고 알 수도 없기 때문입니다. 그런데 하나님께서 무지(無知)한 저에게 그동안 말씀 속에 감추어져 있는 세상의 끝과 주의 임하심의 영적인 의미를 자세히 보여주시고 알려 주신 것입니다.

그래서 저는 이 기쁜 소식을 오늘날 기독교인들에게 하루속히 알려야 한다는 생각으로 그리스도의 편지에 기록되어 있는 세상의 끝과 주의 임하심의 영적 의미에 대하여 기록하게 된 것입니다. 문제는 세상의 종말이나 주의 임하심이 모두 영적인 의미로 기록되어 있기 때문에 영안이 없으면 알려 준다 해도 이해하기조차 어렵다는 것입니다. 그래서 저는 세상의 종말과 주의 임하심의 영적인 의미를 보시는 분들이 이해하기 쉽도록 정리하여 기록하였습니다.

오늘날 기독교인들은 물론 일반 사람들도 너무나 부패한 이 세상과 타락한 교회들을 바라보고 이구동성(異口同聲)으로 지금이 말세(末世)라고 말합니다. 그런데 하나님을 믿고 섬기는 기독교인들도 지금이 말세라고 말은 하지만, 말세가 언제인지는 아무도 모르고 있다는 것입니다. 기독교인들은 하나님께서 노아 때 사람들의 죄악이 세상에 관영(貫盈)함과 그 마음과 생각의 모든 계획이 악함을 보시고 홍수로 세상을 쓸어 버렸지만, 지금 이 악한 세상은 불로 심판을 하신다고 말하고 있습니다. 그래서 지금이 세상에는 온 인류를 수백 번 쓸어버리고도 남을 핵무기가 준비되어 있는 것입니다. 이러한 핵무기들을 인간들이 만들어 놓은 것은 하나님이 허락하셔서 만든 것이며, 핵무기의 버튼을 누르는 것도 하나님의 허락이 있어야 누를 수 있는 것입니다. 즉 이 부패한 세상을 멸하기 위해서 핵무기를 만든 것이나 이 세상을 멸하는 것은 인간이 아니라 하나님이라는 것입니다. 그래서 이 세상의 끝이나 종말은 소돔 성을 유황불로 멸하신 것과 같이 오늘날은 하나님께서 핵무기로 이 세상을 멸하시는 것입니다.

지금 러시아와 우크라이나 그리고 이스라엘과 이슬람의 전쟁이 점점 확대되고 있으며, 북한과 남한 그리고 중국과 미국이 서로 긴장 속에 대치(對峙)하고 있다는 것은 누구나 다 아는 사실입니다. 만일 어느 나라에서나 먼저 핵무기를 사용하게 된다면 이 지구상에 있는 인간들은 물론 자연 만물까지 모두 사라지게 되는 것입니다. 이와 같이 이 세상이 멸망하는 세상의 종말은 지금 문 앞에 가까이 와 있는 것입니다.

그래서 사람들은 오늘날을 "말세(末世)지말(至末)"이라는 말을 하고 있습니다. 그러면 하나님께서 말씀하고 계신 세상의 종말이 진정 핵무기가 터지는 그 시점이냐는 것입니다. 예수님은 아니라고 말씀하십니다. 왜냐하면 세상의 종말은 하나님께서 이 세상을 심판하고 멸하는 날을 말씀하지만, 예수님께서 말씀하시는 세상의 끝은 죽은 영혼을 구원하고 살리는 시점을 말씀하고 있기 때문입니다.

이렇게 예수님께서 말씀하고 계신 세상의 끝이나 주의 임하심은 모두 영적인 의미로 각 개인에게 일어나는 영적인 사건들을 말씀하고 있습니다. 예수님이 말씀하신 세상의 끝과 주의 임하심은 마태복음

24장을 통해서 자세히 말씀하고 있습니다. 마태복음 24장은 예수님의 제자들이 세상의 끝과 주의 임하심이 언제이며 무슨 징조가 있느냐고 물을 때에 예수님께서 성전 건물을 비유하여 말씀하고 있습니다. 그러면 예수님은 세상의 끝과 주의 임하심을 영적으로 어떻게 말씀하고 있을까요?

[마태복음 24장 1절-3절] 예수께서 성전에서 나와서 가실 때에 제자들이 성전 건물들을 가리켜 보이려고 나아오니 대답하여 가라사대 너희가 이 모든 것을 보지 못하느냐 내가 진실로 너희에게 이르노니 돌 하나도 돌 위에 남지 않고 다 무너뜨리우리라 예수께서 감람산 위에 앉으셨을 때에 제자들이 종용히 와서 가로되 우리에게 이르소서 어느 때에 이런 일이 있겠사오며 또 주의 임하심과 세상 끝에는 무슨 징조가 있사오리이까.

상기의 말씀은 예수께서 세상 끝과 주의 임하심에 대하여 묻는 제자들에게 성전을 비유하여 하신 말씀입니다. 예수님께서 성전(예루살렘)에서 나와 걷고 있을 때, 제자들이 예수님에게 성전 건물을 가리켜 보이려고 할 때에 예수님께서 제자들에게 말씀하시되 "너희가 이 성전의 모든 것을 보지 못하느냐"고 하시면서 "내가 진실로 너희에게 이르노니 이 성전을 돌 하나도 돌 위에 남기지 않고 다 무너뜨리우리라"라고 말씀하고 있습니다.

그런데 예수님께서 이 성전(예루살렘)을 돌 하나도 돌 위에 남기지 않고 다 무너뜨린다는 성전은 예루살렘 성전 건물을 말씀하신 것이 아니라 앞으로 새로 태어날 영적인 성전(새 예루살렘 성전) 곧 예수님의 제자들을 비유로 말씀하신 것입니다. 왜냐하면 하나님이 거하시는 성전은 사람의 손으로 지은 건물이 아니라 하나님의 말씀으로 건축한 하나님의 아들들이기 때문입니다.

[고린도전서 3장 16절-17절] 너희가 하나님의 성전인 것과 하나님의 성령이 너희 안에 거하시는 것을 알지 못하느뇨. 누구든지 하나님의 성전을 더럽히면 하나님이 그 사람을 멸하시리라 하나님의 성전은 거룩하니 너희도 그러하니라.

상기의 말씀에 너희가 하나님의 성전인 것과 하나님의 성령이 너희 안에 거하시는 것을 알지 못하느냐고 말씀하고 있는 성전은 건물 성전이 아니라 하나님의 생명으로 거듭나 그 안에 성령(생명의 말씀)이 거하시는 하나님의 아들을 말씀하고 있습니다. 즉 하나님의 성전 곧 하나님의 교회는 예수님 그리고 하나님의 생명으로 거듭난 사도들을 말씀하고 있습니다. 그리고 하나님의 성전을 더럽히는 자는 곧 하나님의 말씀을 가감하거나 오염시키는 자(삯꾼목자)를 말합니다. 때문에 하나님의 거룩한 말씀을 더럽힌 자들은 모두 멸하신다고 말씀하시면서 하나님의 성전은 거룩하니 너희도 거룩하라고 말씀하시는 것입니다. 이와 같이 예수님이 말씀하시는 성전은 하나님의 생명으로 거듭난 하나님의 아들을 말씀하고 있습니다.

그리고 성전의 돌(말씀)을 하나도 돌 위에 남기지 않고 모두 무너뜨린다는 말씀은 제자들 안에 들어있는 돌(비 진리)을 윗돌(산돌) 곧 생명의 말씀으로 도두 무너뜨린다는 것을 비사로 말씀하신 것입니다. 왜냐하면 새집을 지으려면 옛집을 모두 헐어야 새집을 지을 수 있듯이 욕심과 죄가 가득한 죄인들은 하나님의 말씀으로 완전히 죽어야 하나님의 아들로 거듭날 수 있는 것입니다. 즉 자아(自我)가 죽어야 진아(眞我)로 태어난다는 뜻입니다. 그래서 예수님이 말씀하시는 세상 끝 곧 영적인 종말은 세상의 욕심과 죄로 형성된 자아(自我)가 모두 죽는 날을 세상 끝이라 말씀하고 있는 것입니다.

그리고 예수님께서 말씀하시는 주님이 오시는 날은 죄인의 존재가 하나님의 말씀으로 완전히 죽어 없어지고 정결한 처녀와 같은 몸이 준비된 자 안에 주님이 오시는 날을 말씀하고 있는 것입니다. 때문에 자아(自我)가 죽는 날이 말세이며, 말세(末世)는 곧 주님이 오시는 날을 말하는 것입니다. 즉 예수님은 세상의 끝에 이른 자 곧 예수님을 영접할 준비가 된 자들에게는 예전이나 오늘날이나 앞으로도 변함없이 속히 오십니다. 이와 같이 예수님이 말씀하시는 세상 끝은 제자들 안에 건축된 옛 성전이 모두 무너지는 날을 말씀하신 것이며 주의 임하심은 제자들 안에 옛 성전(말씀)이 모두 없어지고 새 성전 곧 정결한 처녀와 같은 몸이 준비 되었을 때 주가 임하신다는 것을 비사로 말씀하고 있는 것입니다. 문제는 예수님께서 세상의 끝이나 주의 임하심을 모두 비유와 비사로 말씀하고 있기 때문에 들을 귀가 없는 자들은 들을 수도 없고 알 수도 없는 것입니다. 때문에 예수님의 제자들도 예수님이 말씀하시는 영적인 말씀은 듣기를 힘들어 했던 것입니다. 그래서 예수님은 말씀을 하시고 나서 늘 귀 있는 자들은 들으라고 말씀하신 것입니다.

이상의 말씀과 같이 성경을 통해서 예수님이 말씀하시는 세상의 끝이나 주의 임하심은 세상적으로 일어나는 사건이 아니라 모두 영적인 사건으로 하나님의 백성들이 하나님의 아들로 거듭나는 과정에서 일어나는 사건들을 말씀하고 있습니다. 그러면 세상적으로 일어나는 세상 끝이나 종말(終末)은 오지 않는다고 생각할 수도 있습니다. 그러나 하나님은 아니라고 말씀하십니다. 왜냐하면 오늘날 이 세상은 노아 때 홍수로 심판할 때나 소돔과 고모라 성을 유황불로 심판할 때보다 더 부패하고 악해졌기 때문입니다.

오늘날 이 세상에는 인간들이 기본적으로 지켜야 할 윤리와 도덕이 없어졌고, 기독교회는 하나님의 백성들이 지켜야 할 하나님의 법과 계명을 모두 폐해 버렸습니다. 때문에 이 세상이나 교회들이 모두 부패할 때로 부패한 것입니다. 그래서 하나님은 노아 때 부패한 인간들을 홍수로 모두 쓸어버리시고 음란한 소돔과 고모라 성을 불로 멸한 것과 같이 이미 준비되어 있는 핵무기로 이 세상을 멸하실 것입니다. 그러므로 오늘날 기독교인들은 물론 이 세상의 모든 사람들도 하나님 앞에 무릎을 꿇고 잘못을 회개하며 살려 달라고 기도해야 합니다.

그러면 혹시 하나님께서 멸하기로 한 니느웨이

성을 용서하고 살려 주신 것같이 살려 주지 않을까? 하는 소망 때문입니다. 그러므로 오늘날 기독교인들은 지금이라도 하나님 앞에 꿇어 엎드려 통회(痛悔) 자복(自服)하며 하나님께 살려 달라고 기도해야 합니다. 저는 그리스도의 네 번째 편지를 보고 기록하면서 나는 지금까지 하나님의 말씀을 올바로 알고 있는 것이 하나도 없다는 것을 알았습니다.

왜냐하면 지금까지 저에게 하나님의 말씀을 올바로 가르쳐 주는 목사님이 없었고 또한 나 자신도 하나님의 말씀을 알려고 찾아다니거나 간절히 기도도 하지 않았기 때문입니다. 그래서 저는 지금 하나님 앞에 엎드려 "하나님의 말씀을 알려고 하지 않고 찾지도 않은 죄를 회개합니다." 하며 하나님께 간절한 마음으로 기도드립니다. "주여 무지(無知)하고 게으른 종의 죄를 용서하여 주옵소서" 아멘

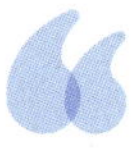

하늘에서 온 그리스도의
다섯 번째 편지

오늘날 살아 계신 예수님

그리스도의 다섯 번째 편지에는 오늘날 살아 계신 예수님에 대하여 말씀하고 있습니다. 저는 그리스도의 다섯 번째 편지를 열어 보고 지금도 살아 계신 예수님이 인간들과 함께 계신다는 말씀에 큰 충격을 받았습니다. 왜냐하면 오늘날 기독교인들은 물론 저도 예수님은 이천 년 전에 잠시 오셨다가 다시 온다고 떠나신 후 이천 년이 지난 지금까지 오시지 않아 지금도 다시 오실 재림 예수님을 기다리고 있기 때문입니다. 그런데 그리스도의 편지를 펴보니 제가 지금까지 기다리고 있는 예수님은 이미 이 세상에 오셔서 죄인들을 구원하고 계신다는 것입니다.

이것이 사실이라면 지금 다시 오실 예수님을 학수고대 기다리고 있는 기독교인들이 모두 놀랄 일이며 기뻐할 사건입니다. 그런데 문제는 제가 기독교인들에게 예수님은 지금 우리 곁에 오셔서 계신다고 말을 한다면 모두 정신 나간 사람으로 취급할 뿐 그 말을 믿을 사람은 단 한 사람도 없다고 생각합니다. 왜냐하면 기독교인들이 기다리고 있는 예수님은 천사장의 나팔 소리와 함께 하늘의 구름을 타고 오시는 예수님이기 때문입니다.

그런데 그리스도의 편지를 보면 예수님은 알파

(시작)와 오메가(끝)로 시작부터 영원까지, 즉 어제나 오늘이나 앞으로도 영원토록 살아 계신다고 말씀하고 있습니다. 왜냐하면 죽은 영혼들을 구원하여 살릴 수 있는 구원자는 오직 예수님이신데 예수님이 한 순간이라도 계시지 않는다면, 기독교인들이 구원이나 영생은 받을 수 없기 때문입니다. 문제는 유대인들이나 오늘날 기독교인들이 다시 오실 메시아(예수님)는 믿고 기다리지만 오신 메시아, 즉 현재 살아 계신 예수님은 믿지를 않는다는 것입니다.

그런데 성경을 확인해 보면 예수님은 알파와 오메가이시며 임마누엘로 언제나 우리와 함께 계신다고 말씀하고 있습니다. 때문에 오늘날 기독교인들은 다른 것은 설령 모른다 해도 오늘날 살아 계신 실존 예수님에 대해서는 반드시 알아야 합니다. 이제 그리스도의 편지에 기록된 실존 예수님 곧 알파와 오메가이신 예수님에 대하여 지금부터 모두가 보고 알 수 있도록 간략하게 정리하여 말씀드리겠습니다.

그리스도의 편지는 실존 예수님 곧 살아 계신 예수님이 예전이나 지금이나 앞으로도 영원토록 항상 살아 계신다고 말씀하고 있습니다. 단지 유대인들이나 기독교인들은 아직 영안이 없어 살아 계신 예수님을 보지 못하고 오시지 않았다고 말하는 것입니다. 그래서 유대인들은 지금도 오실 메시아를 기다리고 있으며, 오늘날 기독교인들 역시 과거에 오셨던 역사적 예수님과 앞으로 오실 재림 예수님은 믿고 기다리고 있지만, 지금 우리 곁에 와 계신 예수님은 믿지 않는다는 것입니다.

왜냐하면 유대인들이나 기독교인들이 기다리는 메시아(예수님)는 모세보다 권능이 더 많은 분으로 천사장의 나팔소리와 함께 하늘의 구름을 타고 모든 사람이 볼 수 있게 내려오시는 능력의 예수님이

기 때문입니다. 그러나 사도행전 1장 11절에 흰옷 입은 천사가 예수님은 하늘로 올라가신 (모습) 그대로 오신다고 말씀하신 것과 같이 예수님은 초림 때나 다시 오실 때나 평범한 인간의 모습으로 베들레헴 말구유에서 태어나 오십니다. 때문에 유대인들이나 오늘날 기독교인들은 말구유에서 태어나 초라한 인간의 모습으로 오시는 예수님은 믿지도 않을 뿐만 아니라 오히려 이단으로 배척을 하는 것입니다. 그러나 하나님께서는 유대인들이나 기독교인들이 예수님을 믿고 영접하던지 배척을 하던지 관계없이 계속해서 살아 계신 예수님 곧 하나님의 아들을 보내 주셨고 앞으로도 변함없이 보내 주고 계십니다.

왜냐하면 예수님이 단 한 순간이라도 이 세상에 계시지 않는다면, 기독교인들이 영생을 얻는 것은 물론 구원도 받을 수 없기 때문입니다. 그래서 요한복음 1장을 통해서 예수님은 항상 계신다고 말씀하고 있는 것입니다.

> [요한복음 1장 9절-13절] 참 빛 곧 세상에 와서 각 사람에게 비취는 빛이 있었나니 그가 세상에 계셨으며 세상은 그로 말미암아 지은바 되었으되 세상이 그를 알지 못하였고 자기 땅에 오매 자기 백성이 영접지 아니하였으나 영접하는 자 곧 그 이름을 믿는 자들에게는 하나님의 자녀가 되는 권세를 주셨으니 이는 혈통으로나 육정으로나 사람의 뜻으로 나지 아니하고 오직 하나님께로서 난 자들이니라.

상기의 말씀에 참 빛 곧 세상에 와서 각 사람에게 비취는 빛이 있었다는 참 빛은 예수님을 말씀하고 있습니다. 그리고 예수님이 세상에 "계셨다"는 단어는 원문 성경에 "미완료 능동"으로 기록되어 있으며 뜻은 "항상 계신다"는 뜻입니다. 즉 예수님은 처음

부터 영원까지 언제나 실존으로 살아 계신다는 뜻
입니다. 이렇게 예수님의 육신은 잠시 오셨다가 떠
났지만, 예수님의 육신 안에 들어 있던 영 곧 하나님
의 생명은 헌옷을 새 옷으로 갈아입듯이 지속적으
로 다른 몸을 입고 오셔서 지금도 살아 계시고 앞으
로 영원토록 살아 계신다고 말씀하고 있습니다.

때문에 예수님의 육신은 십자가에서 돌아가셨지
만 예수님의 몸 안에 들어 있던 영(생명)은 예수님
제자들의 몸 안으로 들어가 부활하심으로 예수님은
제자들의 몸을 입고 다시 오신 것이며 당시에 예수
님을 찌른 자도 볼 수 있게 속히 오신 것입니다.

[요한계시록 1장 7절] 볼찌어다 구름을 타고
오시리라 각인의 눈이 그를 보겠고 그를 찌른
자들도 볼 터이요 땅에 있는 모든 족속이 그를
인하여 애곡하리니 그러하리라 아멘.

상기의 말씀에 "볼찌어다"라는 말씀의 "보라"는 명령어로 구름을 타고 오시는 예수님을 모두 보라는 뜻입니다. 이렇게 구름타고 오시는 예수님은 각 인의 눈으로 볼 수 있게 오시며, 당시에 예수님을 찌른 자들 곧 예수님을 십자가에 못 박은 자들과 창으로 예수님을 찌른 자들도 볼 수 있게 속히 오신 것입니다. 문제는 예수님이 구름타고 오시는데 하나님의 백성들이 모두 좋아서 춤을 추며 잔치를 하는 것이 아니라 예수님으로 인해서 모두 애곡, 즉 슬피 운다고 말씀하십니다. 왜냐하면 유대인들은 하나님께서 구원자로 보내 주신 하나님의 아들을 영접하지 않은 것은 물론 예수님을 이단으로 몰아 십자가에 못을 박아 죽인 자들이기 때문입니다. 그래서 유대인들은 자신들이 십자가에 못 박아 죽인 예수님이 다시 오시는 것을 보고 너무 괴로워서 슬피 울며 통곡을 하는 것입니다. 그러나 예수님을 하나님의 아들로 믿고 따르며 그 입에서 나오는 생명의 말씀을 영접한 예수님의 제자들은 모두 하나님의 아들로 거듭나 사도들이 된 것입니다.

그럼에도 불구하고 오늘날 기독교인들은 손오공처럼 하늘의 구름을 타고 오신다는 재림 예수를 지금도 기다리고 있습니다. 그러나 예수님은 초림 때나 재림 때나 구름과 함께 오시며 구름을 타고 오시지 않습니다. 왜냐하면 "구름"은 생명의 말씀을 비유로 말씀하신 것이며, 구름을 "타고"라는 단어는 원문 성경에 "메타($\mu\varepsilon\tau\acute{\alpha}$)"로 기록되어 있으며 "함께"라는 뜻이기 때문입니다. 그래서 예수님은 구름을 "타고"오시는 것이 아니라 구름과 함께 곧 생명의 말씀과 함께 말씀이 육신이 되어 오신다는 뜻입니다. 이렇게 예수님이 유대 베들레헴의 말구유에서 태어나 생명의 말씀과 함께 오신 것과 같이 다시 오시는 예수님도 생명의 말씀과 함께 오신다는 뜻입니다.

베들레헴은 원어 "벧드"(집)와 "레헴"(떡)의 합성어로 떡집 곧 말씀의 집을 비유로 말씀하고 있습니다. 때문에 예수님은 예전이나 지금이나 앞으로도 베들레헴(말씀의 집)의 말구유에서 태어나 말씀과 함께 오시며 구름타고 오시지 않는다는 것을 알아야 합니다. 베들레헴은 곧 생명의 말씀을 소유하고 있는 하나님의 아들을 비사로 말씀하고 있습니다. 이렇게 베들레헴이신 예수님은 장사한 지 사흘 만에 성령(생명의 말씀)으로 예수님의 제자들에게 오셔서 제자들 안에서 부활하셨고, 그때 예수님의 제자들은 죽은 자들 가운데서 살아나 하나님의 아들로 거듭나 사도들이 된 것입니다.

이와 같이 예수님이 장사한 지 사흘 만에 다시 살아나신 "무덤"은 예수님의 시신이 놓여 있던 "돌무덤"이 아니라 예수님 제자들의 몸을 비사로 말씀하고 있는 것입니다. 즉 예수님이 부활하신 곳은 돌무덤이 아니라 영혼이 죽어 있던 예수님 제자들의 몸 이라는 뜻입니다. 이렇게 예수님이 부활하시는 곳은 예전이나 지금이나 성령 곧 하나님의 생명이 없는 자 곧 죽은 자들 가운데서 부활하십니다. 때문에 예 수님은 오늘날 살았다 하는 자 곧 하나님의 아들이 라고 하는 기독교인들에게는 부활하시지 않고 부활 할 수도 없는 것입니다.

이와 같이 예수님은 죽어 있는 제자들의 몸 안에 서 부활하심으로 말미암아 예수님의 제자들이 살아 나 하나님의 아들로 거듭난 것이며, 따라서 예수님 의 제자들(사도들)이 곧 재림하여 다시 오신 예수님 이신 것입니다. 이렇게 예수님은 죽어 있는 제자들 안에 재림하여 오심으로 말미암아 당시에 예수님을 찌른 자들도 볼 수 있게 속히 오신 것입니다. 그런 데 안타깝게도 유대인들은 초림 예수님을 믿지 않 고 배척하고 죽인 것처럼 재림 예수 곧 하나님의 아들로 거듭난 사도들도 이단으로 배척하며 모두 죽였다는 것입니다. 문제는 예수님 당시에 유대인들이 예수님과 열두 사도들을 이단으로 배척하고 죽인 것과 같이 기독교인들도 오늘날 하나님의 아들로 거듭나 생명의 말씀과 함께 오신 실존 예수를 이단으로 배척하며 핍박하고 있다는 것입니다.

왜냐하면 초림 때 오신 예수님께서 유대교인들이 지키고 있는 의문에 속한 규례와 법 곧 하나님의 말씀을 가감하여 만든 유대교의 각종 교리와 기복 신앙을 질책한 것처럼 오늘날의 예수님도 기독교의 잘못된 각종 교리와 기복 신앙을 질책하기 때문입니다. 그래서 오늘날 살아 계신 예수님도 초림 때의 예수님과 같이 기독교인들에게 문전박대와 멸시천대를 받아가며 집 없는 나그네가 되어 이곳저곳을 방황하면서 새도 집이 있고 여우도 굴이 있는데 인자는 머리 둘 곳 하나 없다고 한숨짓는 것입니다. 예수님은 이어서 나는 알파와 오메가 곧 이제도 있고 전에도 있었고 장차 올 전능자라 말씀하고 있습니다.

> [요한계시록 1장 8절] 주 하나님이 가라사대 나는 알파와 오메가라 이제도 있고 전에도 있었고 장차 올 자요 전능한 자라 하시더라.

상기의 말씀은 주 하나님께서 나(예수님)는 알파와 오메가라고 말씀하시면서 나(예수님)는 이제도 있고 전에도 있었고 장차 올 자라 말씀하고 있습니다. 왜냐하면 하나님의 백성들을 구원하기 위해서 오시는 구원자 곧 하나님의 아들이신 예수님이 한 시라도 계시지 않으면, 하나님의 백성들이 영생을 얻지 못하는 것은 물론 구원도 받을 수 없기 때문입니다. 이렇게 예수님은 임마누엘 하나님으로 시작부터 끝까지, 즉 어제나 오늘이나 내일이나 항상 동일하게 살아 계신다는 뜻입니다.

그런데 유대교나 기독교 안에는 살아 계신 예수님이 지금까지 없었고 앞으로도 없습니다. 왜냐하면 오늘날 기독교인들은 이천 년 전에 오셨다 떠나가신 역사적 예수님과 처녀의 몸에 성령이 잉태되어 태어나셨다는 신화적 예수를 믿고 있으며, 지금 말씀이 육신이 되어 오신 실존 예수님은 믿지 않기 때문입니다. 이렇게 오늘날 기독교인들이 믿고 있는 예수님은 이천 년 전에 단 한번 오셨다가 떠나가신 역사속의 예수님으로 지금까지 없었고 앞으로도 없는 예수님입니다. 때문에 목사님들은 궁여지책으로 지금은 성령 시대이며 구원도 성령이 시킨다고 거짓말을 하고 있는 것입니다.

그러나 하나님께서 죄인들의 죄를 사해 주고 영혼을 구원하는 권세를 오직 하나님의 아들이신 예수님에게 주셨기 때문에 성령이나 목사님들은 죄를 사해 주거나 구원을 할 수가 없습니다. 그래서 예수님은 어제나 오늘이나 앞으로 영원토록 실존으로 우리 곁에 계셔야 하는 것입니다. 이렇게 실존 예수님은 이 세상에 항상 계셨고 하나님의 백성들은 예수님으로 말미암아 지은바 되었는데, 하나님의 백성들(유대인들)이 예수님을 알지 못하고 예수님을 영접하지 않았다는 것입니다.

그런데 만일 예수님을 영접하는 자 곧 그 이름(말씀)을 믿고 영접하는 자가 있다면 하나님의 자녀가 되는 권세를 주신다고 말씀하고 있습니다. 즉 예수님을 하나님의 아들로 믿고 그의 말씀을 영접하는 자들은 하나님의 자녀가 되는 권세를 주신다는 것입니다. 이렇게 예수님을 믿고 영접하여 낳음을 받는 하나님의 자녀는 사람의 혈통이나 육정으로나 사람의 뜻으로 나지 아니하고 오직 하나님으로부터 낳는다고 말씀하고 있습니다.

그런데 당시에 예수님을 하나님의 아들로 믿고 영접한 자는 그 많은 유대인들 가운데 예수님의 제자 12명밖에 없었습니다. 왜냐하면 당시의 유대인들은 오실 메시아를 기다리면서 하나님께서 구원자로 보내 주신 실존 예수님은 모두 불신하고 배척하였기 때문입니다. 그런데 오늘날 기독교인들도 유대인들과 같이 하나님께서 구원자로 보내 주신 실존 예수님을 믿지 않고 영접하지 않는 것은 과거에 오셨던 역사적 예수님과 하늘의 구름타고 오신다는 재림 예수는 믿지만, 지금 오셔서 살아 계신 실존 예수님은 부정하기 때문입니다.

그리고 기독교인들이 오늘날의 예수님을 믿지 않고 이단자로 배척하는 또 다른 이유는 지금 오셔서 계신 예수님은 평범한 인간의 모습으로 남다른 위엄이나 흠모할 만한 모양이 없기 때문입니다. 하나님의 백성들이 인간 예수 곧 하나님의 아들을 멸시와 천대를 한다는 것은 이미 이사야 53장을 통해서 예언하고 있습니다.

[이사야 53장 1절-3절] 우리의 전한 것을 누가 믿었느뇨. 여호와의 팔이 뉘게 나타났느뇨. 그는 주 앞에서 자라나기를 연한 순 같고 마른 땅에서 나온 줄기 같아서 고운 모양도 없고 풍채도 없은즉 우리의 보기에 흠모할만한 아름다운 것이 없도다. 그는 멸시를 받아서 사람에게 싫어 버린바 되었으며 간고를 많이 겪었으며 질고를 아는 자라 마치 사람들에게 얼굴을 가리우고 보지 않음을 받는 자 같아서 멸시를 당하였고 우리도 그를 귀히 여기지 아니하였도다.

상기의 말씀은 하나님의 백성들이 하나님께서 구원자로 보내 주시는 예수님을 하나님의 아들로 믿거나 영접하지 않고 오히려 멸시천대를 한다는 것을 예언하신 말씀입니다. 하나님의 백성들이 예수님을 믿지 않고 멸시와 천대를 하는 것은 예수님이 모세와 같은 능력이나 표적이나 특이한 모양도 없이 평범한 인간의 모습으로 오시기 때문입니다. 만일 예수님이 큰 권능을 가지고 천사장의 나팔 소리와 함께 하늘의 구름을 타고 천사들과 함께 오신다면 모두 양손을 들고 뛰어나가 예수님을 영접했을 것입니다.

그러나 상기의 말씀과 같이 오늘날의 예수님도 고운 모양도 없고 풍채도 없고 흠모할 만한 아름다운 것이 하나도 없는 평범한 인간의 모습으로 오셨기 때문에 하나님의 백성들이 영접하지 않고 배척을 하는 것입니다. 그러나 예수님은 예전이나 지금이나 앞으로도 평범한 인간의 모습으로 오십니다. 문제는 유대인들이나 오늘날 기독교인들도 오실 메시아나 재림 예수님은 믿고 기다리지만 지금 오셔서 계신 실존 예수님은 믿지 않은 뿐만 아니라 이단으로 배척을 하고 핍박을 한다는 것입니다.

그런데 만일 오늘날 실존 예수님이 지금 어딘가에 계신다는 것이 알려진다면 번개와 같이 매스컴을 타고 전 세계에 알려질 것이며 그에 따른 수많은 기독교인들이 예수님을 보기위해 벌떼와 같이 몰려와 난리법석을 떨 것입니다. 그런데 문제는 지금 실존 예수님이 계신다 해도 평범한 인간 예수는 믿지도 않을 뿐만 아니라 오히려 이단으로 배척을 하며 핍박을 한다는 것입니다. 기독교인들이 예수님을 열심히 믿고도 천국에 들어가지 못하고 지옥문 앞에서 슬피 울며 이를 갈게 되는 것은 하나님께서 구원자로 보내 주신 실존 예수님을 믿지 않고 배척을 했기 때문입니다.

　그러므로 오늘날 기독교인들은 이천 년 전에 오셨던 역사적 예수님이나 다시 오신다는 재림 예수만 기다릴 것이 아니라 지금 오셔서 살아 계신 실존 예수님을 믿고 영접해야 합니다. 그러면 오늘날 살아 계신 예수님이 그 입에서 나오는 생명의 말씀으로 먹이고 입혀서 하나님의 아들로 거듭나게 해 주실 것입니다. 제가 그리스도의 편지를 보고 깨달은 것은 과거에 오셨던 예수님이나 앞으로 오신다는 재림 예수는 오늘날 기독교인들의 죄를 사해 주거나 구원을 할 수 없다는 것입니다.

　그러므로 오늘날 기독교인들이 구원을 받으려면 오늘날 살아 계신 현재의 예수님을 찾아서 믿고 영접해야 합니다. 만일 오늘날 기독교인들이 오늘날 살아 계신 예수님을 간절한 마음으로 구하고 찾는다면 하나님께서 만날 수 있도록 도와주실 것입니다. 저는 그리스도의 편지를 보시는 분들이 오늘날 살아 계신 예수님을 만나서 그 입에서 나오는 생명의 말씀을 듣고 영접하여 모두 하나님의 아들로 거듭나기를 바라는 마음으로 이 글을 기록하였습니다.

그리스도의 편지를 보고 실존 예수를 믿고 영접하는 분들은 모두 하나님의 뜻이 하늘에서 이루어진 것 같이 땅에서도 이루어지기를 간절히 기원하는 바입니다. 아멘

하늘에서 온 그리스도의
여섯 번째 편지

온전한 십일조와 창고가 넘치는 복

하늘에서 온 그리스도의 여섯 번째 편지는 하나님의 백성들이 하나님께 드려야 하는 온전한 십일조와 창고가 넘치도록 부어 준다는 하늘의 복에 대하여 말씀하고 있습니다. 그런데 그리스도의 여섯 번째 편지를 열어 보니 하나님이 받으시는 영적인 십일조가 있고 사람이 받는 십일조 곧 성전(교회)

일을 하는 레위지파(제사장과 목사)가 생활을 할 수 있도록 드리라는 육적인 십일조가 있다고 말씀하고 있습니다. 저는 그리스도의 여섯째 편지를 보기 전에는 하나님의 백성들이 소득의 십분의 일로 드리는 십일조 이외에 또 다른 영적인 십일조가 있다는 것을 전혀 몰랐습니다.

문제는 영적인 십일조와 육적인 십일조가 있다는 것을 저만 모르고 있는 것이 아니라 오늘날 기독교인들은 물론 목사님들도 모르고 있다는 것입니다. 왜냐하면 신앙생활을 하면서 지금까지 목사님들에게 하나님이 원하시고 기뻐 받으시는 영적인 십일조와 목사님들이 받아서 사용하라는 육적인 십일조가 있다는 것을 단 한 번도 들어 본 적이 없기 때문입니다. 목사님들은 지금도 교인들에게 소득의 십일조를 온전히 드리면 하나님께서 하늘 문을 열고 복을 쌓을 곳이 없도록 부어 주신다고 시험까지 해 보라고 십일조를 강조하고 있습니다.

목사님들의 말씀이 사실이라면 하나님께 십일조를 드리는 교인들은 모두 재벌이나 갑부가 되어 있어야 합니다. 그런데 현실은 그렇지가 않다는 것입니다. 그러면 온전한 십일조를 하나님께 드리면 창고에 쌓을 곳이 없도록 넘치는 복을 부어 주신다는 말씀이 진실일까요? 아니면 목사님들이 하나님의 말씀을 왜곡하여 거짓말을 하고 있는 것일까요? 그러므로 오늘날 기독교인들은 하나님께서 받으시는 영적인 십일조와 레위지파가 생활비로 받아서 사용하고 있는 육적인 십일조에 대하여 올바로 알아야 합니다.

이제 그리스도의 여섯 번째의 편지에 기록되어 있는 하나님이 받으시는 영적인 십일조와 목회자들이 받아서 사용하라는 육적인 십일조에 대하여 말씀드리겠습니다.

하나님께서 하나님의 백성들에게 온전한 십일조를 드리면 하늘 문을 열고 창고에 쌓을 곳이 없도록 넘치는 복을 부어 주시지 않나 시험해 보라는 말씀은 말라기서 3장 10절에 기록되어 있습니다. 목사님들은 이 말씀을 인용하여 교인들에게 온전한 십일조를 하나님께 드려서 창고가 넘치는 복을 받으라고 헌금을 강조하고 있으며, 기독교인들은 하나님께서 창고가 넘치도록 부어 주시는 복을 받으려고 십일조와 헌물을 열심히 드리고 있는 것입니다.

그런데 교인들 중에 온전한 십일조를 하나님께 드려서 창고에 쌓을 곳이 없도록 넘치도록 복을 받아 부자가 된 사람은 찾아보기 힘들다는 것입니다. 그러면 하나님이 거짓말을 하시는 것일까요? 아니면 목사님들이 하나님께서 받으시는 온전한 십일조가 무엇인지도 모르고 교인들에게 헌금을 착취하기 위해 십일조를 왜곡하여 거짓말을 하는 것일까요?

문제는 목사님들도 하나님께서 드리라는 온전한 십일조가 영적으로 무엇을 말씀하고 있는지, 그리고 하나님께서 창고가 넘치도록 부어 주신다는 하늘의 복이 어떤 복인지를 모르고 있다는 것입니다.

성경을 보면 십일조는 하나님이 받으시는 영적인 십일조가 있고, 레위지파 곧 제사장이나 목사님들이 생활비로 받아서 쓰라는 육적인 십일조가 있습니다. 그런데 오늘날 목사님들은 하나님께서 원하시고 받으시는 영적인 십일조는 외면을 하고 땅의 소산으로 드리는 육적인 십일조만 강조하고 있는 것입니다. 이와 같이 오늘날 목사님들은 지금도 교인들에게 하나님께 온전한 십일조를 드리면 하나님께서 창고에 쌓을 곳이 없도록 넘치는 복을 부어 주신다고 설교를 하면서 십일조를 드린 교인들에게 하나님께서 삼십 배, 육십 배, 백 배로 복을 주시옵소서 하며 축복 기도까지 해 주고 있습니다. 만일 목사님의 말씀대로 하나님께 십일조 헌금을 드려서 창고가 넘치는 복을 받아 부자가 된다면, 오늘날 기독교인들은 굳이 힘들게 사업을 하여 돈을 벌려고 하거나 돈을 주식이나 부동산에 투자할 필요가 없습니다.

왜냐하면 세상에 투자할 돈을 모두 하나님께 헌금으로 드리면 하나님께서 삼십 배, 육십 배, 백 배로 갚아 주시기 때문입니다. 그러므로 오늘날 기독교인들은 온전한 십일조와 헌물을 드리기 전에 먼저 하나님께서 드리라는 영적인 십일조와 육적인 십일조에 대해서 올바로 알아야 합니다. 십일조와 헌물은 하늘의 소산으로 하나님께 드리는 영적인 십일조와 헌물이 있고 땅의 소산으로 성전 일을 하는 레위지파 곧 제사장(목회자)들을 위해 드리라는 육적인 십일조와 헌물이 있습니다.

  그런데 하나님은 영이시기 때문에 하늘의 소산으로 드리는 영적인 제물은 받으시지만, 땅의 소산으로 드리는 육신적인 제물은 받지 않으시며 받으실 수도 없는 것입니다. 때문에 창세기 4장을 보면 가인과 아벨이 모두 하나님께 제사를 드렸지만, 아벨이 드린 제물은 받으셨으나 가인이 드린 제물은 받지 않으신 것입니다.

[창세기 4장 3절-5절] 세월이 지난 후에 가인은 땅의 소산으로 제물을 삼아 여호와께 드렸고 아벨은 자기도 양의 첫 새끼와 그 기름으로 드렸더니 여호와께서 아벨과 그 제물은 열납하셨으나 가인과 그 제물은 열납하지 아니하신지라.

상기의 말씀을 보면 가인과 아벨이 모두 제물을 준비해 가지고 하나님께 제사를 드렸지만, 하나님께서 아벨과 그 제물은 받으셨으나 가인이 드린 제물은 받지 않으셨습니다. 그 이유는 하나님은 영이시기 때문에 아벨이 드린 영적인 제물 곧 양과 기름(진리와 성령)으로 변화된 아벨은 제물(마음)로 받으셨으나 육적인 제물 곧 가인이 땅의 소산으로 드린 곡식은 받으실 수가 없어 받지 않으신 것입니다. 그러므로 예수님도 요한복음 4장 24절을 통해서 '하나님은 영이시니 예배하는 자는 신령과 진정으로 예배드리라'고 말씀하신 것인데 원문 성경을 보면 진정과 신령은 원문에 "진리(알레데이아)와 성령(프뉴마)"으로 기록되어 있습니다.

때문에 예수님이 말씀하시는 진리와 성령은 곧 아벨이 제물로 드린 양과 기름을 비사로 말씀하고 있는 것입니다. 그리고 가인이 땅의 소산으로 드린 제물은 유대인들이나 오늘날 기독교인들이 소득의 십분의 일을 십일조 헌금으로 제단에 드리는 것을 말하는데 이를 거제라고 말씀하고 있습니다. 거제 (擧祭)는 제사장이 하나님의 백성들이 드린 제물을 하늘을 향해 들어 올리는 제사 의식으로 하나님의 백성들이 십일조 헌물을 가져오면 제사장이 그 제물을 제단 위에 올려놓은 후에 성전 일을 하는 레위인들의 응식(應食) 곧 생활비로 사용하는 것입니다.

이렇게 오늘날 기독교인들이 드리는 십일조와 헌금은 하나님께서 성전 일을 하는 레위지파 곧 기업이 없는 오늘날 목회자들과 전도사님들이 생활을 할 수 있도록 드리라고 율법으로 명하신 것입니다.

[민수기 18장 20절-26절] 여호와께서 또 아론에게 이르시되 너는 이스라엘 자손의 땅의 기업도 없겠고 그들 중에 아무 분깃도 없을 것이

나 나는 이스라엘 자손 중에 네 분깃이요 네 기업이니라 내가 이스라엘의 십일조를 레위(성전 일을 하는 자) 자손에게 기업으로 다 주어서 그들의 하는 일 곧 회막(성전)에서 하는 일을 갚나니 이 후로는 이스라엘 자손이 회막에 가까이 말 것이라 죄를 당하여 죽을까 하노라 오직 레위인(목회자)은 회막(성전)에서 봉사하며 자기들의 죄를 담당할 것이요

이스라엘 자손 중에는 기업이 없을 것이니 이는 너희의 대대에 영원한 율례라 이스라엘 자손이 여호와께 거제로 드리는 십일조를 레위인에게 기업으로 준 고로 내가 그들에 대하여 말하기를 이스라엘 자손 중에 기업이 없을 것이라 하였노라 여호와께서 모세에게 일러 가라사대 너는 레위인에게 고하여 그에게 이르라 내가 이스라엘 자손에게 취하여 너희에게 기업으로 준 십일조를 너희가 그들에게서 취

상기의 말씀을 보면 기업이 없는 레위인들 곧 성전(교회)의 일을 하는 목회자나 전도사님들이 성전(교회)일에 전담(專擔)할 수 있도록 하나님께서 이스라엘 자손(하나님의 백성)에게 십일조를 드리라고 율법(율례)으로 정해 놓으신 것입니다. 왜냐하면 이스라엘 백성들의 열두 지파가 가나안 땅에 들어갔을 때 레위지파를 제외한 11지파에게는 땅을 기업으로 분배하여 주었으나, 레위지파에게는 성전 일을 전담(專擔)할 수 있도록 땅을 기업으로 주기 않았기 때문입니다. 그러므로 땅을 기업으로 받은 열한 지파들은 소득의 십분의 일을 성전에 드리라고 명하신 것이며, 레위 지파는 이스라엘 열한 지파가 드린 십일조를 가지고 생활을 하게 된 것입니다.

때문에 유대교의 제사장이나 오늘날 목사님과 전도사님들은 교인들이 하나님께 드린 십일조 헌금을 지금도 교회의 운영비와 생활비로 사용하고 있는 것입니다. 이와 같이 십일조와 헌물은 하나님께서 받으시는 영적인 제물(양과 기름)이 있고 제사장이나 목회자들이 받아서 사용하는 육적인 제물 곧 소득의 십일조와 헌금이 있는 것입니다. 그런데 문제는 오늘날 목회자들이 교인들이 드리는 육적인 십일조는 모두 받아서 잘 살고 있지만, 진정 하나님께 드려야 할 영적인 십일조는 드리지 않고 있다는 것입니다. 때문에 예수님께서 너희가 물질적인 십일조는 드리되 영적인 십일조는 버렸다고 책망하시는 것입니다.

[마태복음 23장 23절] 화 있을찐저 외식하는 서기관들과 바리새인들이여 너희가 박하와 회향과 근채의 십일조를 드리되 율법의 더 중한

예수님께서 화가 있을찐저 외식하는 서기관들과
바리새인들이라고 말씀하는 자들은 곧 유대 제사장
들과 오늘날 목회자들을 말씀하고 있습니다. 왜냐하
면 오늘날 목회자들도 땅의 소산인 박하와 회양과
근채의 십일조, 즉 교인들이 소득의 십분의 일을 계
산해서 드리는 헌금(물질적인 십일조)은 잘 받아 사
용하지만, 그 보다 더 중요한 영적인 십일조 곧 의
(義)와 인(仁)과 신(信) 곧 진리와 성령으로 거듭난
영혼은 드리지 않고 있기 때문입니다. 오늘날 목사
님들이 진정으로 해야 할 일은 교인들을 하나님의
말씀으로 먹이고 입혀서 하나님의 아들로 거듭나게
하여 그 아들을 하나님께 제물(온전한 십일조)로 드
리는 것입니다.

그런데 목사님들은 교인들이 입교하자마자 예수를 믿고 입으로 시인하게 하여 모두 하나님의 아들이 되었다는 명목으로 자기 교인(아들)을 만들어 놓았기 때문에 하나님께 드릴 제물이 없는 것입니다. 이렇게 오늘날 기독교인들은 하나님의 말씀(진리와 성령)으로 낳은 하나님의 아들이 아니라 목사님들이 기독교의 이신칭의 교리를 통해서 낳은 목사님들의 아들(양아들)인 것입니다. 왜냐하면 목사님들은 하나님이 말씀하시는 구원과 영생의 길과 그 과정을 모두 외면하고 오직 예수를 믿기만 하면 영생을 얻어 이미 하나님의 아들이 되었다고 교인들을 속여서 모두 자신의 교인(아들)들을 만들기 때문입니다. 그보다 더 심각한 문제는 목사님들이나 교인들이 하나님께서 드리라는 영적인 십일조가 무엇인지도 모르고 있다는 것입니다. 그러므로 오늘날 목사님들과 교인들은 의와 인과 신 곧 진리와 성령으로 변화된 자신은 드리지 않고 오직 땅의 소산으로 드리는 소득의 십일조만 드리는 것입니다.

그런데 예수님께서 이것도 행하고 저것도 버리지 말라는 것은 영적인 십일조 곧 하나님의 생명으로 거듭난 하나님의 아들들은 반드시 제물로 드려야 하지만, 육신적인 소득의 십일조도 폐하지 말고 드리라는 것입니다. 왜냐하면 육적인 소득의 십일조를 열심히 드린 자가 영적인 십일조, 즉 진리와 성령(생명의 말씀)으로 변화되어 자신도 제물로 드릴 수 있기 때문입니다. 이렇게 십일조는 하나님이 받으시는 영적인 십일조와 레위지파, 즉 목회자들이 생활비로 받아 사용하는 육적인 소득의 십일조가 있는 것입니다.

그러므로 오늘날 목회자들은 물론 교인들도 육적인 십일조만 드리지 말고 하나님께서 원하시고 받으시는 온전한 십일조 곧 하나님의 생명으로 거듭난 자신을 하나님께 제물로 드려야 하는 것입니다. 그러면 하나님께서 말라기서를 통해서 약속하신 하늘의 복 곧 하늘 문을 열고 창고에 쌓을 곳이 없도록 부어 주실 것입니다. 그런데 하나님께서 창고가 넘치도록 부어 주신다는 복은 어떤 복을 말씀하고 있는 것일까요? 하나님께서 넘치도록 부어 주시는 하늘의 복은 하나님의 생명(말씀)을 말씀하고 있으며 창고 역시 물건을 보관하는 장소가 아니라 성도들의 마음을 비유하여 말씀하고 있습니다.

이렇게 창고가 넘치는 하늘의 복을 받은 분이 바로 예수님이시며 또한 예수님을 통해서 하나님의 아들로 거듭난 사도들입니다. 왜냐하면 예수님과 사도들은 샘에서 생수가 솟아나오듯 그 입에서 생명의 말씀이 넘쳐 나오기 때문입니다. 이제 말라기를 통해서 하나님이 드리라는 온전한 십일조와 하늘의 복을 알아보기로 하겠습니다.

[말라기 3장 8절-10절] 사람이 어찌 하나님의 것을 도적질하겠느냐 그러나 너희는 나의 것을 도적질하고도 말하기를 우리가 어떻게 주의 것을 도적질하였나이까 하도다 이는 곧 십일조와 헌물이라 너희 곧 온 나라가 나의 것을 도적질하였음으로 너희가 저주를 받았느니라. 만군의 여호와가 이르노라 너희의 온전한 십일조를 창고에 들여 나의 집에 양식이 있게 하고 그것으로 나를 시험하여 내가 하늘 문을 열고 너희에게 복을 쌓을 곳이 없도록 붓지 아니하나 보라.

지금 하나님께서 사람이 어떻게 하나님의 것을 도적질하겠느냐고 말씀하시는 대상은 유대 제사장들과 오늘날 목회자들을 말하며 나의 것을 도적질했다는 것은 곧 영적인 십일조와 헌물을 말씀하고 있습니다. 그런데 제사장이나 목회자들은 지금까지 십일조와 헌물을 열심히 드렸고 단 한 번도 도적질을 한 적이 없기 때문에 우리가 언제 하나님의 것을 도적질 하였으며 어떻게 감히 하나님의 것을 도적질하겠느냐고 오히려 큰소리로 항의를 하는 것입니다.

왜냐하면 제사장(목회자)들은 지금까지 하나님이 원하시고 받으시는 영적인 십일조를 모르고 땅의 소산으로 드리는 소득의 십일조와 헌물만 드리고 있었기 때문입니다. 그리고 하나님께서 말씀하시는 너희 온 나라는 하나님의 백성들을 말하며 나의 것을 도적질을 하였다는 십일조와 헌물은 곧 진리와 성령으로 거듭난 하나님의 아들을 비유하여 말씀하고 있습니다.

그런데 오늘날 삯꾼목자들은 교인들을 하나님의 생명으로 거듭나게 하여 하나님께 제물로 드리는 것이 아니라 교인들에게 예수를 믿고 입으로 시인하게 하여 자기 교인을 만들고 있는 것입니다. 그래서 하나님은 너희 온 나라가 나의 것을 도적질하였다고 진노하시는 것입니다. 이렇게 오늘날 삯꾼목자들이 하나님의 말씀을 도적질하고 하나님의 영혼들을 도적질하여 자기 교인을 만들고 있는 것은 모두 욕심 때문입니다. 이러한 행위는 "중이 염불에는 관심이 없고 젯밥에만 가 있다"는 말과 같이 삯꾼목자들은 교인들이 내는 헌금에만 관심이 가 있고 영혼을 구원하는 데는 관심이 없다는 것입니다.

문제는 오늘날 목회자들이나 교인들이 지금도 하나님께서 원하시고 받으시는 온전한 십일조와 헌물이 무엇인지도 모르고 있다는 것입니다. 하나님께서 말씀하시는 온전한 십일조는 세상의 물질이나 금전이 아니라 예수님과 같이 하나님의 생명으로 거듭난 하나님의 아들을 말하며 또한 하나님이 받으시는 헌물 역시 땅(육신)의 존재가 하나님의 말씀에 의해서 하늘의 존재로 조금씩 변화된 마음의 일부를 말씀하고 있습니다. 이러한 제사의 과정을 통해서 하나님의 아들로 완전히 거듭난 하나님의 아들을 하나님께서 제물로 기뻐 받으시는 것입니다.

구약 성경을 보면 솔로몬 왕이 하나님의 성전을 건축하기 위해서 천 번의 제사를 드렸는데 솔로몬 왕이 제사를 드릴 때마다 변화된 자신의 일부를 제물로 드린 것은 헌물이며, 천 번의 제사를 모두 드려서 온전해진 자신을 하나님께 번제로 드린 것을 온전한 십일조라 말하는 것입니다. 그리고 온전한 십일조를 창고에 들여 나의 집에 양식이 있게 하라는 것은 하나님의 아들의 입에서 나오는 생명의 말씀을 마음 안에 가득 채워 말씀이 항상 있게 하라는 뜻입니다.

또한 하나님이 부어 주신다는 하늘의 복은 땅에 썩어 없어질 세상의 복이 아니라 영원히 쇄하지 않는 하나님의 생명(생명의 말씀)을 말씀하고 있습니다. 이렇게 말라기에 기록된 말씀은 밭에 감추어 놓은 보화와 같이 모두 영적인 비사(祕辭)와 비유(譬喻)로 기록되어 있는 것입니다. 그러므로 목회를 하고 있는 목사님이나 신학박사라 해도 아직 영안이 열리지 않은 분들은 성경 말씀을 모두 육신의 눈으로 보고 육신적으로 말할 수밖에 없는 것입니다. 때문에 목사님들이 말라기에 기록되어 있는 십일조와 헌물을 모두 세상의 물질이나 돈이라고 거짓 증거를 하고 있는 것입니다.

이와 같이 하나님께 온전한 십일조를 드리면 창고가 넘치도록 부어 주신다는 복은 돈이 아니라 영원한 하나님의 생명 곧 생명의 말씀을 말하고 있습니다. 때문에 오늘날 기독교인들이 참 목자 곧 하나님의 아들이 주는 생명의 말씀을 양식으로 받아먹고 마음의 그릇에 가득 채운다면 봉인한 포도주가 터져 나오듯이 그 입에서 생명의 말씀이 생수처럼 솟아 나오게 되는 것입니다. 이렇게 온전한 십일조를 창고에 들여 차고 넘치는 복을 받으신 분이 바로 하나님의 아들이신 예수님이며 또한 예수님을 통해서 하나님의 아들로 거듭난 예수님의 사도들입니다. 왜냐하면 예수님이나 사도들은 모두 말씀이 육신이 되어 그 입에서 샘물이 솟아 나오듯이 생명의 말씀이 넘쳐 나오기 때문입니다.

이렇게 예수님과 사도들은 모두 영적인 복은 차고 넘치도록 받았지만, 육신적인 복을 받아 세상의 부자가 된 사람은 한 사람도 없습니다. 그런데 오늘날 기독교인들은 하나님께서 받으시는 영적인 십일조를 모르기 때문에 지금도 소득의 십일조를 하나님께 드려서 창고가 넘치는 복을 받으려고 열심히 드리고 있는 것입니다. 그러므로 사도 바울도 로마서 12장을 통해서 하나님이 받으시는 제물(헌물)에 대하여 이렇게 말씀하고 있습니다.

[로마서 12장 1절-2절] 그러므로 형제들아 내가 하나님의 모든 자비하심으로 너희를 권하노니 너희 몸을 하나님이 기뻐하시는 거룩한 산제사로 드리라 이는 너희의 드릴 영적 예배니라. 너희는 이 세대를 본받지 말고 오직 마음을 새롭게 함으로 변화를 받아 하나님의 선하시고 기뻐하시고 온전하신 뜻이 무엇인지 분별하도록 하라.

상기의 말씀을 통해서 사도 바울은 너희는 이 세대들이 드리는 예배를 본받지 말고 하나님이 원하시고 기뻐하시는 영적 예배 곧 하나님의 말씀으로 거룩하게 변화된 너희 몸(마음)을 산 제물로 드리라는 것입니다. 사도 바울이 이 세대들이 드리는 예배와 제물을 본받지 말라는 것은 유대교회와 오늘날 기독교인들이 드리고 있는 예배와 헌물을 본받지 말라는 뜻입니다. 그리고 하나님이 원하시고 기뻐하시는 거룩한 산 제물은 곧 하나님의 생명으로 거듭난 자신의 몸을 말씀하고 있습니다.

이렇게 말씀으로 변화된 자신의 몸을 하나님께 드리면 그때 계시의 눈(영안)이 열려서 하나님의 선하시고 기뻐하시는 온전하신 뜻, 즉 말씀의 영적인 뜻이 무엇인지를 모두 알게 된다는 것입니다. 이렇게 하나님이 바라고 원하시는 산제사와 제물은 하나님의 생명으로 거듭난 하나님의 아들이며 곧 하나님이 받으시는 온전한 십일조인 것입니다. 그러므로 오늘날 목회자들이나 교인들은 육신적인 소득의 십일조만 드릴 것이 아니라, 하나님이 원하시고 기뻐 받으시는 영적인 십일조 곧 하나님의 말씀으로 변화된 자신을 제물로 드려야 합니다. 그러면 하나님께서 그때 하늘 문을 열고 창고가 넘쳐나는 하늘의 복(생명의 말씀)을 부어 주셔서 하나님의 아들로 거듭나게 될 것입니다.

이상과 같이 하나님께 온전한 십일조를 드리면 하늘 문을 열고 창고가 넘치도록 복을 붓지 아니하나 시험까지 해 보라는 복은 땅에서 썩어 없어질 육신의 복이 아니라 하늘의 신령한 복, 즉 하나님의 영원한 생명입니다. 그러므로 오늘날 기독교인들은 소득의 십일조를 드려서 육신의 복만 받으려 하지 말고 하나님께서 드리라는 온전한 십일조, 즉 진리와 성령으로 거듭난 자신을 제물로 드려야 하는 것입니다. 그러면 하나님께서 하늘 문을 열어 창고가 차고 넘치는 신령한 하늘의 복 곧 영원한 생명을 주셔서 예수님과 사도들과 같이 하나님의 아들로 거듭나게 될 것입니다.

저는 그리스도의 여섯 번째의 편지를 보고 하나님이 원하시고 받으시는 온전한 십일조가 무엇인지 분명하게 알게 되었습니다. 때문에 저는 물론 오늘날 기독교인들도 육적인 소득의 십일조만 드릴 것이 아니라 하나님이 원하시고 기뻐하시는 영적인 십일조를 드려야 한다고 생각합니다. 그러므로 저는 오늘날 기독교인들이 모두 하나님이 원하시고 받으시는 영적인 십일조를 하나님께 드려서 하나님이 주시는 복 곧 영원한 생명을 받아서 모두 하나님의 아들로 거듭나기를 바라는 마음으로 이글을 기록하였습니다.

하나님께서는 지금도 하나님이 원하시는 온전한 십일조 곧 하나님의 말씀으로 변화된 자신의 몸을 제물로 드리기를 바라며 기다리고 계십니다. 그러므로 오늘날 기독교인들은 지금부터라도 하나님께서 바라고 원하시는 온전한 십일조를 드려서 하나님의 생명으로 거듭나 하나님이 계신 천국으로 들어가야 합니다. 저는 이 글을 정독하신 분들은 하나님께 온전한 십일조를 드려서 모두 하나님의 생명으로 거듭나 하나님이 계신 천국으로 들어가기를 간절히 기원합니다. 아멘

하늘에서 온 그리스도의
일곱 번째 편지

예수님을 누가 죽였나?

하늘에서 온 그리스도의 일곱 번째 편지에는 "예수님을 누가 죽였나?"라는 내용이 기록되어 있었습니다. 오늘날 기독교인들에게 예수님을 누가 죽였나요? 하고 질문을 하면 조금도 주저하지 않고 본디오 빌라도라고 대답을 합니다. 저도 그리스도의 편지를 보기 전에는 예수님을 죽인 자는 본디오 빌라도로 알고 있었습니다. 왜냐하면 사도신경에 예수님은 본디오 빌라도가 죽였다고 말씀하고 있고 또한 예배를 시작하기 전에 사도신경을 통해서 예수는 빌라도가 죽였다고 신앙고백을 하고 있기 때문입니다.

그런데 그리스도의 편지를 열어 보니 예수님을 죽인 것은 빌라도가 아니라 유대인의 대제사장과 유대인들이라는 것을 알고 너무나 큰 충격을 받았습니다. 때문에 저는 성경을 찾아보면서 예수님을 죽인 자를 확인해 보니 예수님을 죽인 자는 본디오 빌라도가 아니라 유대 제사장들과 유대인들이라고 분명하게 기록이 되어 있었습니다. 그러면 오늘날 목사님들과 기독교인들이 예배를 드릴 때마다 예수를 빌라도가 죽였다고 신앙고백을 하는 것은 위증을 하고 있다는 것입니다.

위증은 죄 없는 자를 죄가 있다고 거짓 증거를 하

는 죄로 세상의 법으로도 중죄로 다루며 무거운 형에 처하고 있습니다. 그러므로 오늘날 기독교인들이 예수를 빌라도가 죽였다고 위증을 하는 것은 하나님 앞에 큰 죄를 범하고 있는 것이며 또한 그 죄로 인해 사후에 반드시 형벌을 받게 되는 것입니다. 그러므로 오늘날 기독교인들은 예수님을 죽인 자가 진정 누구인지를 성경을 통해서 확인해 보아야 합니다. 이제부터 예수님을 죽인 자가 누구인지 성경에 기록된 말씀을 찾아서 말씀드리겠습니다.

> [마태복음 26장 3절-5절] 그때에 대제사장들과 백성의 장로들이 가야바라 하는 대제사장의 아문에 모여 예수를 궤계로 잡아 죽이려고 의논하되 말하기를 민요가 날까 하노니 명절에는 말자 하더라.

상기의 말씀을 보면 예수님을 죽이려는 것은 빌

라도나 이교도가 아니라 하나님을 믿고 섬기는 유대교의 대제사장과 하나님 백성들의 장로들입니다. 왜냐하면 대제사장과 장로들이 가야바의 관저에 모여 흉계를 꾸며 예수를 잡아서 죽이려고 모의하고 있기 때문입니다. 그런데 대세사장과 장로들은 백성들의 민란이 일어날까봐 유대인의 명절에는 죽이지 말고 명절이 끝난 후에 죽이자고 결의하고 있습니다. 이 말씀 한절만 보아도 예수를 누가 죽였는가를 알 수 있는 것입니다.

> [마태복음 27장 1절-2절] 새벽에 모든 대제사장과 백성의 장로들이 예수를 죽이려고 함께 의논하고 결박하여 끌고 가서 총독 빌라도에게 넘겨주니라.

상기와 같이 유대교의 대제사장들과 장로들이 새벽에 모여 예수를 죽이려고 함께 의논하고 나서 예수를 결박하여 당시의 총독인 빌라도에게 끌고 가서 예수님을 넘겨 준 것입니다. 이렇게 예수를 죽이려고 한 것은 빌라도나 이교도가 아니라 하나님을 믿고 섬기는 유대교의 대제사장과 장로들입니다.

[마태복음 27장 20절-22절] 대제사장과 장로들이 무리를 권하여 바라바를 달라 하게 하고 예수를 멸하자 하게 하였더니 총독이 대답하여 가로되 둘 중에 누구를 너희에게 놓아 주기를 원하느냐 가로되 바라바로소이다 빌라도가 가로되 그러면 그리스도라 하는 예수를 내가 어떻게 하랴 저희가 다 가로되 십자가에 못 박혀야 하겠나이다.

상기의 말씀을 보면 빌라도가 대제사장과 장로들에게 살인 강도 바라바와 예수 둘 중에 누구를 놓아 주기를 원하느냐고 물으니 강도 바라바를 놓아주고 예수를 십자가에 못을 박아 죽이라고 말하고 있습니다. 빌라도가 다시 대제사장과 장로들에게 그러면 그리스도라 하는 예수를 어떻게 하면 좋겠냐고 물으니 그들이 모두 십자가에 못 박아 죽이라고 말하고 있습니다. 이렇게 하나님을 사랑하고 이웃을 내 몸과 같이 사랑한다는 유대교의 대제사장과 장로들이 살인죄를 범한 강도는 놓아주고 죄 없는 예수님은 십자가에 못 박아 죽이라고 말하고 있습니다.

유대교의 대제사장은 오늘날 기독교회의 총회장이나 천주교의 교황과 같은 존재를 말합니다. 문제는 성경을 날마다 보고 교인들을 가르치는 영적 지도자들이 이런 말씀을 보면서도 빌라도가 예수님을 죽였다고 지금도 교인들에게 위증을 하고 있다는 것은 기상천외한 일이며 불가사의한 일입니다. 이 말씀을 보고 계신 여러분의 마음은 지금 어떠하신지요?

[요한복음 19장 12절] 이러하므로 빌라도가 예수를 놓으려고 힘썼으나 유대인들이 소리 질러 가르되 이 사람을 놓으면 가이사의 충신이 아니니이다 무릇 자기를 왕이라 하는 자는 가이사를 반역하는 것이니이다.

상기의 말씀은 빌라도가 예수님을 심문하면서 자세히 알아보니 예수는 죄가 없다는 것을 확인하고 예수를 놓아 주려고 힘을 쓰고 있습니다. 그런데 유대인들은 예수가 자신을 유대 왕이라고 하는 것은 가이사를 반역하는 것이라고 빌라도를 향해 예수를 죽이라고 외치는 것입니다. 이상의 말씀과 같이 예수를 죽이려는 자는 빌라도가 아니라 하나님을 믿고 섬기는 유대교의 대제사장과 장로들이라는 것을 알 수 있습니다.

왜냐하면 빌라도는 예수님에게 죄가 없다는 것을

알고 어떻게 해서라도 예수님을 놓아주려고 애를
쓰고 있는데 대제사장과 장로들은 예수님을 어떤
흉계를 꾸며서라도 죽이려 하고 애를 쓰고 있기 때
문입니다. 이렇게 예수님은 빌라도가 아닌 유대교의
제사장과 장로들에 의해서 십자가에 달려 비참하게
돌아가신 것입니다.

그런데 예수님을 어떻게 해서라도 살리려고 애를
쓴 빌라도가 사도신경 때문에 이천 년이 지난 지금
까지 예수를 죽였다는 누명(陋名)을 쓰고 죄인이 되
어 있는 것입니다. 예수님 당시에 예수님을 죽인 상
황과 배경(背景)을 그 누구보다도 잘 알고 있는 사
람들은 예수님과 함께 있었던 예수님의 제자들입니
다. 그런데 예수님과 함께 있었던 예수님의 제자들
(사도들)이 예수님을 그렇게 살리려고 애를 쓴 빌라
도가 예수님을 죽였다고 사도신경을 기록했다는 것
은 어불성설(語不成說)입니다. 때문에 사도신경이

사도들의 신앙고백서라는 것은 모두 거짓입니다. 그럼에도 불구하고 오늘날 목사님들과 기독교인들은 지금도 예수님을 본디오 빌라도가 죽였다고 위증을 하고 있는 것입니다.

그러면 사도신경은 어느 시대 어느 누가 만들어 기록을 한 것일까요? 오늘날 기독교인들은 사도신경의 근원이나 유래를 반드시 알아야 합니다. 사도신경은 초대교회 시절 서방교회에서 처음 시작되었습니다. 그리고 사도신경은 당시에 교인들의 세례문답을 할 때 사용하고 있었습니다. 사도신경의 유래는 4세기 말경에 존재하던 루피누스와 암브로시우스가 기록한 문서의 내용을 발췌(拔萃)하여 그때부터 사용한 것으로 전해오고 있습니다.

이 문서에는 사도신경이 12항목으로 되어 있는데 예수님의 열두 사도들에 의해 만들어진 것으로 소개하고 있습니다. 이 문서를 근거로 하여 초대교회로부터 전승되어 온 사도신경은 중세기까지 그대로 받아들여졌으나 근대 학자들에 의해 신빙성(信憑性) 문제가 제기 되었습니다. 그럼에도 불구하고 사도신경은 수 세기를 거쳐 내려오면서 기독교의 공동체 곧 가톨릭 안에서 지금까지 사용되어 오고 있습니다. 그런데 사도신경이 현재의 형태로 정리되어 사용되기 시작한 것은 8세기 초의 피르미나우스에 의해서입니다.

당시 피르미나우스에 의해 재정비된 사도신경은 중세 초기에 서방의 모든 교회들이 세례의식 때 사용을 하였으며 9세기에 이르러서는 초신 자들의 교육내용으로 보편화된 것입니다. 사도신경은 결국 12세기에 들어서면서 교회들의 공식 신조(信條)로 정착(定着)하게 된 것입니다. 그런데 한국 교회들이 지금 번역(飜譯)하여 사용하고 있는 사도신경은 그

문맥과 내용들이 가톨릭교회와 성공회와 프로테스탄트교회(개신교)가 각기 조금씩 다르다는 것입니다. 사도신경은 이러한 역사적 배경과 정통성을 가지고 모든 기독교인들이 지금까지 지켜오고 있는 것입니다.

이와 같이 사도신경은 사도들이 만든 신앙고백서가 아니라 4세기 말경에 존재하던 루피누스와 암브로시우스가 기록한 문서의 내용들을 발췌(拔萃)하여 그때부터 사용한 것을 사도들의 신앙고백서라 믿고 사용하고 있는 것입니다. 문제는 사도신경의 내용이 성경에 기록된 내용과 너무 다르다는 것입니다. 이렇게 왜곡된 사도신경은 빌라도는 물론 사도들까지 죄인을 만들고 있으며 오늘날 기독교인들까지 위증(僞證)을 하게 만들어 모두 죄인을 만들고 있는 것이 바로 사도신경입니다.

　죄 없는 사람을 죄인으로 몰아 거짓 증거를 하는 위증죄(僞證罪)는 세상의 법으로도 중죄로 다스리고 있습니다. 때문에 예수님을 빌라도가 죽였다고 신앙고백을 하며 위증을 하고 있는 오늘날 기독교인들은 사후에 중죄로 형벌을 받게 될 것입니다. 그러므로 오늘날 기독교인들은 성경을 통해서 예수님이 무슨 죄로 누가 십자가에 못 박아 죽였는지를 분명하게 알아야 합니다.

[마태복음 26장 59절-63절] 대제사장들과 온 공회가 예수를 죽이려고 그를 칠 거짓 증거를 찾으매 거짓 증인이 많이 왔으나 얻지 못하더니 후에 두 사람이 와서 가로되 이 사람의 말이 내가 하나님의 성전을 헐고 사흘에 지을 수 있다 하더라 하니 대제사장이 일어서서 예수께 묻되 아무 대답도 없느냐 이 사람들의 너를 치는 증거가 어떠하뇨 하되 예수께서 잠잠하

상기의 말씀을 보면 예수님을 죽이려고 온갖 증거를 찾고 있는 자들은 빌라도가 아니라 대제사장과 공회(교회)라는 것을 알 수 있습니다. 그런데 대제사장들이 예수를 죽이려는 가장 큰 이유는 다른 것이 아니라 예수가 하나님의 아들이라는 것과 하나님의 성전을 헐고 사흘 만에 짓겠다는 말씀 때문입니다. 예수님은 목수의 아들로 태어나 이 세상에 하나님의 성전 곧 영적인 하나님의 성전을 건축하러 오신 분입니다. 예수님이 건축하는 성전은 세상 목사들이 건축하는 건물 교회가 아니라 하나님이 거하실 성전 곧 하나님의 말씀으로 건축하는 영적인 성전입니다.

왜냐하면 하나님이 거하시는 성전은 사람이 건축한 건물 교회가 아니라 하나님의 말씀으로 건축하는 하나님의 성전 곧 하나님의 성령이 거할 수 있는 거룩한 사람의 몸이기 때문입니다. 사도 바울은 말씀으로 거룩하게 된 사람의 몸을 정결한 처녀라 말씀하고 있습니다. 그래서 예수님은 이 세상에 오셔서 건물 성전은 단 한 채도 건축하지 않고 하나님의 말씀으로 예수님의 제자들 안에 하나님이 거할 수 있는 거룩한 성전을 건축하신 것입니다.

이렇게 하나님이 거하시는 성전(교회)은 성령이 거하시는 예수님과 또한 예수님께서 삼년 반 동안 말씀으로 건축하여 그 안에 성령이 거할 수 있도록 준비된 사도들의 몸을 말하고 있습니다. 때문에 사도 바울께서 하나님의 말씀으로 거룩하게 된 자들에게 너희가 곧 성령이 거하시는 하나님의 성전이라 말씀하신 것입니다. 그런데 오늘날 기독교인들은 아직 죄인의 몸임에도 불구하고 자신도 하나님의 성령이 거하는 하나님의 성전이라고 말하고 있습니다.

그러나 하나님이 거하시는 성전은 성령이 몸 안에 거하시는 예수님이시며 또한 예수님께서 삼년 반 동안 말씀으로 건축해 놓은 예수님의 사도들이 곧 하나님의 성전이며 교회인 것입니다. 그러면 누가복음에는 예수님을 누가 죽였다고 말씀하고 있는지 다시 확인해 보기로 하겠습니다.

[누가복음 23장 13절-25절] 빌라도가 대제사장들과 관원들과 백성을 불러 모으고 이르되 너희가 이 사람을 백성을 미혹하는 자라 하여 내게 끌어 왔도다 보라 내가 너희 앞에서 사실하였으되 너희의 고소하는 일에 대하여 이 사람에게서 죄를 찾지 못하였고 헤롯이 또한 그렇게 하여 저를 우리에게 도로 보내었도다 보

라 저의 행한 것은 죽일 일이 없느니라. 그러므로 때려서 놓겠노라 무리가 일제히 소리 질러 가로되 이 사람(예수)을 없이하고 바라바를 우리에게 놓아 주소서 하니 이 바라바는 성중에서 일어난 민란과 살인을 인하여 옥에 갇힌 자러라 빌라도는 예수를 놓고자 하여 다시 저희에게 말하되 저희는 소리 질러 가로되 저를 십자가에 못 박게 하소서 십자가에 못 박게 하소서 하는지라 빌라도가 세 번째 말하되 이 사람이 무슨 악한 일을 하였느냐 나는 그 죽일 죄를 찾지 못하였나니 때려서 놓으리라 한대, 저희가 큰소리로 재촉하여 십자가에 못 박기를 구하니 저희의 소리가 이긴지라 이에 빌라도가 저희의 구하는 대로 하기를 언도하고 저희의 구하는 자 곧 민란과 살인을 인하여 옥에 갇힌 자를 놓고 예수를 넘겨주어 저희 뜻대로 하게 하니라.

상기의 말씀은 본디오 빌라도가 예수님을 죽이라고 고소하는 유대인들의 대제사장들과 관원들에게 말하기를 내가 너희 앞에서 예수의 모든 진상을 조사하여 보았으나 죽일 죄를 찾지 못하였고 헤롯왕도 예수는 죄가 없다는 것을 알고 내게 다시 돌려보냈다고 말하고 있습니다. 그러므로 빌라도는 예수는 놓아주고 바라바를 십자가에 못 박겠다고 말하니 제사장과 유대인들은 살인자 바라바는 놓아주고 예수를 죽이라고 아우성을 치고 있는 것입니다.

그러나 빌라도는 죄 없는 예수를 죽일 수가 없어 세 번씩이나 반복해서 유대인들에게 바라바를 죽이고 예수는 살리자고 거듭 제의를 하였으나 유대인들의 거센 반발에 빌라도는 할 수 없이 바라바를 놓아주고 예수를 유대인들의 손에 넘겨주게 된 것입니다. 이렇게 예수님을 죽인 것은 빌라도가 아니라 유대 제사장들과 하나님의 백성인 유대인들입니다. 유대인들은 이웃을 네 몸과 같이 사랑하라는 하나님의 계명을 지키고 있는 하나님의 백성들입니다. 이런 자들이 살인한 강도(强盜)는 살려 주고 죄가 없으신 하나님의 아들을 십자가에 못을 박아 죽인 것입니다.

그런데 오늘날 목회자들은 날마다 성경을 보면서도 빌라도가 예수를 죽였다고 교인들에게 위증을 시키고 있는 것입니다. 그러나 거짓은 거짓으로 드러나야 하며 진실은 반드시 진실로 드러나야 합니다. 그러므로 오늘날 기독교인들은 지금까지 사도신경을 통해서 빌라도가 예수를 십자가에 못 박아 죽였다는 위증(僞證)을 그치고 억울하게 죄인이 되어 고통 받고 있는 빌라도를 해방시켜야 합니다.

특히 오늘날 목회자들이 먼저 지금까지 무고(無辜)한 빌라도를 죄인으로 정죄한 죄를 하나님 앞에서 진심으로 회개해야 합니다. 그리고 오늘날 기독교인들은 지금이라도 삯꾼목자들과 거짓 목자들이 인도하는 넓고 평탄한 멸망의 길에서 벗어나 참 목자가 인도하는 좁고 협착한 생명의 길로 돌아서야 합니다. 그러면 하나님께서 모든 죄를 용서해 주시고 생명의 길로 인도해 주실 것입니다.

저는 그리스도의 일곱째 편지를 보면서 많은 것을 생각하게 되었습니다. 왜냐하면 지금까지 그리스도의 편지를 보니 오늘날 기독교회가 잘못된 것이 하나 둘이 아니라 전체적으로 잘못되어 있기 때문입니다. 즉 오늘날 기독교인들은 참 목자를 따라 생명의 좁은 길을 가는 것이 아니라 삯꾼목자를 따라 넓고 평탄한 멸망의 길을 가고 있다는 것입니다. 때문에 저는 하늘에서 온 그리스도의 편지를 어떻게 해서든지 온 세상에 알려서 오늘날 기독교인들이 삯꾼목자가 인도하는 넓고 평탄한 멸망의 길에서 돌이켜 참 목자가 인도하는 좁고 협착한 생명의 길로 돌아올 수 있도록 해야 한다는 사명감을 가지고 최선을 다하기로 굳게 마음을 먹었습니다.

그러므로 그리스도의 편지를 보신 분들도 주위에 있는 이웃들이나 친지들에게 이러한 사실들을 올바로 알려 주셔야 합니다. 그러면 하나님께서 그동안 예수님을 빌라도가 죽였다고 위증을 한 죄를 모두 사해 주실 것이며 생명의 길로 인도해 주실 것입니다. 아멘

하늘에서 온 그리스도의
여덟 번째 편지

본디오 빌라도가 가이사 황제에게
보고한 예수님에 대한 공문서

하늘에서 온 그리스도의 여덟째 편지는 예수님 당시에 일어났던 모든 사건을 본디오 빌라도가 상세히 기록하여 가이사 황제에게 보고한 예수님에 대한 공문서입니다. 그런데 본디오 빌라도가 예수님에게 일어났던 사건을 가이사 황제에게 보고한 공문서가 있다는 것이 진정 사실일까요? 만일 예수님 당시에 일어났던 모든 사건을 빌라도가 기록하여 가이사 황제에게 보고한 공문서가 있다는 것이 사실이라면 오늘날 기독교회에 큰 충격과 더불어 파문(波紋)이 일어나는 것은 물론 사도신경이 거짓이라는 것이 모두 드러나게 될 것입니다.

때문에 빌라도 보고서가 발견되었다 해도 기독교회가 받아들이지 않는 것은 물론 목사님들도 인정하지도 않을 것입니다. 그러나 기독교가 인정을 하든지 안하든지 사실은 사실로 드러나야 하고 거짓은 거짓으로 드러나야 합니다. 그러므로 이제 본디오 빌라도가 당시에 예수님에 대한 사건을 기록하였다는 공문서에 대하여 알아보기로 하겠습니다. "빌라도가 가이사에게 보고한 공문서"는 그동안 튀르키예(구, 터키)에 있는 성 소피아 사원에 보관되어 있었는데 도날드 N.리드만 박사가 영어로 번역하여 세상에 드러낸 것입니다.

빌라도 보고서는 예수님 당시에 예수님에게 일어났던 모든 일들을 본디오 빌라도가 상세히 기록하여 로마 황제인 가이사에게 보고(報告)한 공문서(公文書)입니다. 빌라도의 보고서를 보면 예수님 당시 예수님의 행적과 사역, 유대인들의 신앙, 예수님에 대한 빌라도의 견해(見解)와 처사(處事) 그리고 예수님이 유대인들에게 고소당해 십자가에서 죽기까지의 상황들이 복음서에 기록된 내용과 일치함은 물론 놀라울 정도로 자세히 기록이 되어 있습니다.

그러므로 오늘날 기독교인들이 빌라도 보고서를 읽어본다면 예수님 당시의 사건을 현장에서 직접 목격하듯이 생동감(生動感) 있게 다가올 것입니다. 그리고 빌라도의 보고서를 통해서 예수님을 죽인 진범(眞犯)을 확실하고도 분명하게 알게 될 것입니다. 빌라도의 보고서(報告書)는 「예수」시대에 법정에서 만들어진 공문서(公文書)로, 현재 튀르키예(구, 터키)의 성 「소피아」사원(寺院)에 소장되어 있습니다. 빌라도 보고서는 총 50권으로 되어 있는데 이 원고(原稿)는 서기관(書記官)의 손으로 씌어졌으며 각권이 2×4피트로 되어 있는 전문(全文)을 옮긴 것입니다.

로마의 사가(史家) 발레루스 파테쿠러스의 주(註)에 의한 원 제목은 "예수의 체포와 심문 및 처형에 관하여 로마 황제 디베료 가이사에게 보낸 빌라도의 보고서"로 되어 있습니다. 빌라도 보고서의 내용은 「도날드 N.리드만」박사가 소정의 요금을 지불한 후 특별 허가를 얻어 읽고, 영어로 번역하여 예루살렘에서 간행(刊行) 되고 있는 월간지 "더 마운트 자이언 리포터(The Mount Zion Reporter)"에 [시온산 보고서. June 1974]라는 제목으로 재개(再改)한 것을 우리말로 옮긴 것입니다

빌라도의 보고서(報告書)

「로마」의 황제, 「디베료·가이사」각하에게

작성자 : 본디오 빌라도

각하께 문안드립니다. 제가 다스리는 지역에서 최근 수년 동안에 일어난 사건은 너무나 독특한 일이어서 시간이 흐름에 따라 우리나라의 운명까지 변하게 할지도 모르는 일이기 때문에, 저는 사건이 일어난 대로 각하께 소상히 알려 드리고자 합니다. 왜냐하면 최근에 발생한 사건은 모든 다른 신(神)들과는 조화될 수 없는 일처럼 보이기 때문입니다. 저는 「발레리우스·플라슈스」를 계승하여 유대 총독이 된 날을 저주하고 싶을 정도입니다.

부임(赴任)한 이래로 제 생활은 불안과 근심의 연

속이었습니다. 「예루살렘」에 도착하자마자 저는 직위를 인수하고 큰 연회(宴會)를 베풀 것을 명하고 「갈릴리」의 영주(領主)들과 대제사장, 그리고 그의 부하 직원들을 초청하였습니다. 그런데 정해진 시간이 되어도 아무도 나타나지 않았습니다. 저는 이 사실을 저와 제가 속하고 있는 정부 전체에 대한 일종의 모욕으로 간주하였습니다. 며칠 후 대제사장이 저를 방문하였습니다.

그의 거동(擧動)은 엄숙(嚴肅)하였으나 외식(外飾)에 가득 찬 모습이었습니다. 그는 그들의 종교가, 그와 그의 추종자들에게 「로마」사람들과 자리를 같이하는 것이라든지 먹는 것이라든지 마시는 것을 금지한다고 변명하였습니다. 그러나 그러한 변명은 신앙심이 깊은 체하는 것에 불과하다는 것을 그의 안색으로도 알 수 있었습니다. 나는 그의 변명을 받아들이는 것이 정략(政略)이라고 생각했습니다만,

그 순간부터 피 정복자는 정복자를 적(敵)으로 간주하고 있다는 사실을 확신하게 되었으며, 「로마」인들에게 이 나라의 제사장들을 요주의(要注意)할 것을 경고해 주어야겠다고 생각했던 것입니다.

그들은 자신의 벼슬과 호사스러운 생활을 위해서는 그들의 어머니라도 배신할 자들입니다. 제가 통치하는 모든 도시 가운데 「예루살렘」은 가장 다스리기 힘든 도시라고 여겨집니다. 백성들은 매우 거칠어서, 저 자신 순간순간마다 폭동(暴動)의 두려움 속에서 살아왔습니다. 저는 폭동을 진압(鎭壓)할만한 군대를 거느리고 있지 않습니다. 단지 저의 지휘 하에 한 명의 백부장(百夫長)과 그가 거느린 군대가 있을 뿐입니다. 그리하여 저는, 자기의 통치 지역을 방어할 만한 충분한 군대를 거느리고 있다고 알려 온 「시리아」의 사령관(司令官)에게 증원 군을 요청하였습니다.

우리들이 이미 획득한 영토를 방어하는 일을 등한히 한다면, 우리 제국의 확장을 꾀하는 지나친 욕심은 결국 우리 정부 전체의 붕괴(崩壞)를 초래케 하는 원인이 되지 않을까 하는 두려운 생각이 듭니다. 저는 가능한 한, 대중들을 가까이하지 않았습니다. 그것은 그들 제사장들이 폭도들에게 어떠한 영향력을 행사할지도 모르기 때문이었습니다. 그러나 저는 될 수 있는 대로 백성들의 마음과 입장을 탐지하려고 노력하였던 것입니다. 제 귀에 들려온 여러 가지 소문들 중에 특별히 제 주의를 집중시킨 사건이 한 가지 있었습니다. 그것은 한 젊은 청년이 「갈릴리」지방에 나타나, 그를 보내신 하나님의 이름으로 새로운 법을 고귀한 열정으로 가르치고 있다는 것이었습니다.

처음에는 그의 목적하는 바가 민중을 선동하여 「로마」제국에 대항하고자 하는 것이 아닌가 하고 생각해 보았습니다만 제 근심은 곧 걷히게 되었습니다. 「나사렛」예수는 유대인보다는 오히려 「로마」인에게 더 친근하게 말을 하였습니다. 어느 날 저는 큰 군중이 모여 있는 「실로」라는 곳을 지나다가, 군중에 둘러싸인 젊은이가 나무에 기대어 선 채로 군중을 향하여 조용하게 연설하고 있는 것을 목격하게 되었습니다. 그가 예수라고 누군가가 일러 주었습니다. 그는 그의 연설을 듣고 있는 군중과 현저한 차이를 보여 주고 있어서 저는 그를 쉽게 알아볼 수 있었습니다. 그는 30세가량으로 보였습니다. 저는 지금까지 그렇게도 마음을 잡아끄는 평온한 얼굴을 본 일이 결코 없었습니다. 예수와, 그의 말을 경청(敬聽)하고 있는 저 검은 턱수염과 황갈색의 안색을 가진 무리들과를 어떻게 대조할 수 있겠습니까?

제가 온 것이 예수에게 방해가 되게 하지 않으려고 저는 계속 걸었으나 제 부관(副官)에게는 군중

속에 들어가 그가 무슨 말을 하는지 들어보라고 지시하였습니다. 제 부관의 이름은 「만류스」로서 그는 「카타린」을 잡으려고 「에투루리아」에 주둔한 적이 있는 공작대장의 손자입니다. 「만류스」는 「유대」 지방에 오랫동안 거주한 고로 「히브리」말을 잘 알고 있었습니다. 그는 저에게 충성하여 저의 신임을 받고 있었습니다. 총독 청에 들어서자 저는 먼저 와 있는 「만류스」를 발견하였으며 그는 「실로」에서 예수가 한 말을 저에게 들려주었습니다. 제가 읽어본 어떤 철학자의 작품에서도 예수의 말에 비교될 만한 것은 읽어본 적이 없는 것 같았습니다. 「예루살렘」에서 흔히 볼 수 있는 반항적인 유대인 중 한 사람이 「가이사」에게 세(稅)를 바치는 것이 옳은 것인가 하고 그에게 물었을 때, 그는 대답하기를 "「가이사」의 것은 「가이사」에게, 하나님의 것은 하나님에게 바치라"고 하였다는 것입니다. 제가 그렇게 많은 자유를 그 「나사렛」 젊은이에게 허용한 것은 이와 같은 그의 지혜로운 말 때문이었습니다. 저에게는 그를 체포하여 「본디오」로 추방시킬 수 있는 권한이 있었습니다. 그러나 만일 그렇게 하였다면 그것은 「로마」 정부가 사람을 다루어 왔던 지금까지의 관례와는 상반(相反)되는 일이 되었을 것입니다. 이 젊은이는 선동적(煽動的)이거나 반항적인 사람은 아니었습니다. 저는 예수 자신도 눈치 채지 못할 정도로 은밀하게 보호의 손길을 그에게 뻗쳐 주었습니다.

그는 자유롭게 행동하였고 말하였으며, 사람들을 모아서 연설하거나 또 제자를 선택하는 일에 있어서 어떠한 관청의 제재(制裁)도 받지 않았던 것입니다. 제가 생각하기로는 우리 조상의 종교는 예수의 종교로 대치될 것이며, 이 숭고(崇古)한 관용의 종교는 「로마」제국을 허망하게 붕괴시킬 것입니다. 그리고 가련한 저는 유대인의 말을 빌자면 하나님의 섭리요, 우리의 말대로 하자면 운명의 도구로 쓰여

진 것일 것입니다. 예수에게 허용된 무제한의 자유는 가난한 사람들이 아니라 부유하고 권세 있는 유대인들을 자극하였습니다.

예수가 후자들에게 가혹하게 대한 것은 사실이지만 제가 그 「나사렛」 젊은이의 자유를 제한하지 않은 것은 정략적(政略的)인 이유에서 였습니다. "서기관과 바리새인들이여," 그는 그들을 향하여 말하였습니다. "독사의 자식들아, 너희들은 회칠한 무덤 같으니 겉으로는 아름답게 보이나 그 안에는 죽음이 가득하다." 또 한 번은 부자가 많은 헌금을 내고 뽐내는 것을 보고 한탄하며, 가난한 자의 한 푼이 하나님의 목전(目前)에서는 더욱 빛나는 것이라고 그들에게 말하였습니다. 예수의 오만한 언동(言動)에 대한 항의가 날마다 총독 청에 줄을 이어 들어왔습니다. 저는 예수에게 어떤 불행한 일이 닥치게 될 지도 모른다는 정보를 입수하였습니다.

「예루살렘」에서는, 선지자로 불리우는 자들에게 돌을 던지는 일이 처음 있는 일은 아니었으며, 예수에 대한 진정서가 「가이사」에게 제출(提出)되기도 하였습니다. 그러나 제가 한 처사(處事)는 원로(元老)인에게 재가를 받은 것이었으며, 「파르티안」전쟁이 끝나면 저에게 증원(增員)군을 보내 주기로 약속되어 있었던 것입니다. 폭동을 진압하기에는 우리의 군사력이 너무도 허약한 고로, 저는 힘없이 물러섬으로써 총독청의 체면을 손상시키는 것보다는 차라리 조용히 성(城)의 평온을 되찾는 방안을 강구하기로 하였습니다.

저는 예수에게 글을 써 보내어 총독 청에서 한번 만날 것을 청하였습니다. 예수가 왔습니다. 황제께서는 제가 「로마」인의 피에 서반아(西班牙)의 피가 섞여 흐르는 혈통을 지닌 사람으로서, 두려움 따위의 유약한 감정은 모르는 사람임을 잘 아실 것입니다. 그 「나사렛」 사람이 모습을 나타냈을 때 저는 저의 접견실에서 거닐고 있었습니다. 그런데 갑자기 제 다리는 쇳덩이로 된 손으로 대리석 바닥에 붙여 놓은 것처럼 꼼짝할 수가 없었으며, 그 나사렛 젊은 이는 아무렇지도 않게 조용히 서 있는데도 저는 마치 형사범(刑事犯)처럼 사지(四肢)를 떨고 있었던 것입니다.

비록 그는 한 마디의 말도 하지 않았으나 제 앞에까지 다가와 서는 것만으로도 "내가 여기 왔나이다."라고 말하는 것 같았습니다. 한참 동안 저는 이 비범(非凡)한 사람을 존경과 두려움으로 응시하였습니다. 그는 모든 신(神)들과 영웅의 형상을 그린 수많은 화가들이 아직 그려내지 못한 유형(類型)의 사람이었습니다. 그럼에도 불구하고 저는 너무나 두렵고 떨려서 그에게 접근할 수가 없었습니다. "예수여,"하고 드디어 저는 말문을 열었습니다. "「나사

렛」예수여, 지난 3년 동안 나는 그대에게 연설할 수
있는 자유를 허락하였소. 그러나 이 일에 대하여 나
는 조금도 후회가 없소. 그대의 말은 현인(賢人)의
말이오. 나는 그대가 「소크라테스」나 「플라톤」을 읽
어보았는지 모르겠지만, 내가 알기에는 그대의 설
교는 다른 철학자들의 그것을 능가하며 단순하고도
장엄한 것 같습니다. 이에 대해서는 황제께서도 알
고 계시며, 그를 허락한 것을 스스로도 기쁘게 생각
하고 있소. 그러나 나는 그대의 설교가 강력하고도
원한 깊은 적대자(敵對者)를 만들고 있음을 알려 드
려야겠소. 이것은 놀라운 사실이 아니오. 「소크라테
스」에게도 대적이 있었으며 결국에는 그들의 증오
의 희생물이 되었다오. 그대의 경우는 그대의 설교
가 그들에게 매우 가혹하다는 것과, 내가 그대에게
자유를 허락한 것으로 그들이 나를 반대한다는 것
때문에 설상가상(雪上加霜)으로 시끄러워지고 있
소. 그들은 「로마」 정부가 그들에게 허용한 작은 권

리마저도 나와 그대가 손을 잡고 그들로부터 빼앗으려 한다면서 고소까지 하고 있소. 내가 그대에게 지금 말하려고 하는 것은 명령이 아니라 부탁으로서, 이제부터는 그대가 설교할 때에 좀 더 신중하고 온화한 말로하며, 그들을 고려하여 대적의 자존심을 상하게 함으로써 그들이 어리석은 군중들을 충동질하여 그대를 대적하지 않도록 하고 또 나로 하여금 법의 도구 노릇을 하지 않도록 해 달라는 것이오."
그「나사렛」사람은 조용히 입을 열었습니다. "땅의 군주여, 그대의 말은 참된 지식에서 나온 말이 아닙니다. 격류(激流)를 명하여 산골짜기에 머물러 있으라고 말해 보십시오. 그러면 계곡의 나무들은 뿌리째 뽑혀 버릴 것입니다. 그 급류는 자연과 창조주의 법칙에 순종한다고 그대에게 답변할 것입니다. 하나님 한 분만이 그 급류가 어디로 흘러가는지 알고 계십니다.

진실로 그대에게 이르노니 사론의 장미가 피기 전에 정의의 피가 엎질러질 것입니다.” “당신의 피는 엎질러지지 않을 것이오.”하고 저는 깊은 감동을 받고 대답하였습니다. “당신의 지혜는 「로마」정부에 의하여 허용된 자유를 남용하는 거칠고 오만한 모든 「바리새」인보다 더욱 값진 것이오. 그들은 「가이사」에 대한 음모를 꾸며, 「가이사」는 폭군으로서 그들의 멸망을 도모(圖謀)하고 있다는 말로 무식한 자들을 충동하여 황제의 관대하심을 공포(恐布)로 조작시키고 있소. 오만무례하고 철면피 같은 그들은 악한 계획을 도모하기 위해서 때로는 양의 가죽을 쓰는 「티베르」강의 여우임을 그들 자신은 모르고 있소. 나의 총독 관저는 밤낮을 불문하고 그대에게 도피처로 제공될 것이오.”

예수는 관심 없다는 듯이 머리를 저으며, 근엄하고 숭엄(崇嚴)한 미소를 띠면서 말하였습니다. “때가 이르면 그 때는 땅 위나 땅 아래 어느 곳에도 인자를 위한 도피처는 없을 것입니다. 의(義)의 도피처는 저기에 있습니다.”라고 하면서 하늘을 가리키는 것이었습니다. “선지자들의 책에 기록된 말씀은 성취되어야 할 것입니다.” “젊은이여,”하고 저는 부드러운 말투로 말했습니다. “그대는 나의 요청을 명(命)으로 받아들여야 할 것이오. 나의 통치하에 있는 지방의 안전이 그것을 요구하고 있소. 당신은 설교할 때 좀 더 온건한 태도를 취하도록 하여야 할 것이오. 나의 명을 어기지 않도록 하시오.

그렇지 않으면 결과가 어떠할 지를 그대도 잘 알 것이오. 와 주어서 고맙소. 잘 가시오.” “땅의 군주여,”하고 예수가 입을 열었습니다. “나는 이 세상에 전쟁을 일으키려고 온 것이 아니라 평화와 사랑과 자비를 주려고 왔습니다. 나는 「가이사·아구스도」가 「로마」세계에 평화를 주던 바로 그 날에 태어났습니다. 핍박은 나에게서 오는 것이 아닙니다. 나는 다른 사람으로부터의 핍박을 예상하고 있으며, 나에게 길을 보여주신 내 아버지의 뜻에 순종하여 그 핍박을 잘 감수하게 될 것입니다. 그러므로 그대의 세상적인 사려분별(思慮分別)과 지각을 삼가십시오. 성막에 희생 제물을 잡아 놓는 것은 그대의 권력에 속한 것은 아닙니다." 이와 같은 말을 한 후 그는 투명(透明)한 영혼처럼 접견실 휘장 뒤로 사라져 갔습니다. 저는 그 젊은이 앞에서 어찌할 바를 모르던 중압감(重壓感)에 해방되어 안도의 한숨을 쉬었습니다. 예수를 대적하는 자들은 그 당시 「갈릴리」지방을 다스리고 있던 「헤롯」에게 편지를 써서 그 「나사렛」사람에 대한 원한을 풀어달라고 하였습니다. 만일 「헤롯」이 그의 성격대로 하였다면 그는 예수를 당장 잡아 사형에 처했을 것입니다. 그러나 그는 비록 왕의 위엄을 자랑하고 있음에도 불구하고 중의원에 대한 그의 영향이 무시당할 지도 모르는 행동을 범하는데 주저하였으며 또 저처럼 예수를 두려워하고 있습니다. 그러나 「로마」의 관리로서 한 유대인 때문에 겁을 집어먹는다는 것은 있을 수 없는 일이었습니다. 일전에 「헤롯」은 총독 청으로 저를 방문하였으며 얼마간 가벼운 대화를 나눈 후, 떠날 즈음에 「나사렛」사람에 대한 제 견해가 어떠한지를 물었습니다.

저는 대답하기를 예수는 가끔 위대한 민족이 드물게 배출해 내는 위대한 철인 중의 한사람으로 그의 교훈은 결코 처벌받을 만한 것이 아니므로 「로마」정부는 그 자신의 행동으로 정당화하고 있는 언론의 자유를 그에게 허용하기로 하였다고 말했습니다. 「헤롯」은 음흉하게 웃어 보이면서 마지못해 하는 투로 인사하고는 떠났습니다. 유대인의 큰 축제가 다가오고 있었으며 백성의 여론은 유월절 의식(儀式)에서 항상 감정을 표명하는 일반 백성의 환희에 편승하고 있었습니다.

「예루살렘」성은 그 「나사렛」 사람의 죽음을 시끄럽게 요구하는 소란한 군중들로 술렁이고 있었습니다. 제가 파견한 밀사(密使)는 성전의 금전이 군중들을 동원하는데 사용되고 있다고 전해 왔습니다. 위험은 점점 더 가중되었으며 한 「로마」의 백부장은 멸시와 모욕을 당했습니다. 저는 「시리아」의 사령관에게 편지를 보내어 100명의 보병과 될 수 있는 데로 많은 기병을 보내 달라고 요청하였으나 그는 거절하였습니다. 저는 반역하는 성(城) 한 가운데서 얼마 되지도 않는 정병(精兵)들과 함께 외톨박이가 된 것 같았으며 폭동을 진압하기에 너무 약한 탓으로 제가 할 수 있는 일이란 그들을 너그럽게 대해 주는 수밖에는 별다른 도리가 없었던 것입니다.

그들은 예수를 붙들고 있었으며 선동적인 폭도들

은 총독청에 대하여는 조금도 두려움 없이 그들의 상전(上典)의 명령만 믿고 있었으며, 제가 그들의 요구가 무엇인지를 말해 보라고 눈짓을 했을 때 그들은 "그를 십자가에 못 박으소서! 십자가에 못 박으소서!"라고 고래고래 고함치기를 계속하였습니다. 그때는 세력 있는 세 당이 예수를 대전하기 위해 일심동체(一心同體)가 되었습니다. 첫째로 「헤롯」당과 「사두게」파로서 그들의 선동적인 행동은 두 가지의 동기, 즉 그들은 「나사렛」 사람을 미워하였으며 「로마」의 속박을 참을 수가 없었습니다. 에서 나온 것 같았습니다. 「로마」황제의 형상이 새겨진 기(旗)를 가지고 거룩한 성에 들어왔다는 것 때문에 저를 결코 용서할 수 없다고 말하였습니다.

비록 제가 어떤 치명적인 죄를 범하였다고 해도 신성(神聖)모독죄 보다는 덜 흉악하다는 것입니다. 또 다른 불만의 씨가 그들의 가슴속에 사무쳐 있었습니다. 저는 성전의 은금(銀金)의 일부를 공공건물을 건축하는데 사용하자고 제안하였습니다. 그러나 제 제안은 무시당하였습니다. 「바리새」인들은 공공연하게 예수의 대적임을 자처하고 다니는 자들입니다. 그들은 정부 같은 것은 아랑곳하지도 않는 자들로서 그 「나사렛」사람이 지난 3년 동안 그가 가는 곳마다 「바리새」인들을 혹독하게 질책한 것에 대하여 끔찍한 원한을 품고 있었습니다. 그들만의 힘으로 행동하기에는 너무도 두렵고 약하다는 것을 알고 「헤롯」당과 「사두게」파와의 불화를 이용하였던 것입니다.

이들 세 당 외에도 저는 언제나 소요에 끼어들기 잘 하며 무질서와 혼란을 일으키는 데는 한몫을 잘 담당하는 분별없고 야비한 군중들과 싸우지 않으면 안 되었습니다. 예수는 대제사장 앞으로 끌려와 사형으로 정죄되었습니다. 대제사장 「가야바」가 중재

(仲裁)를 부탁해 온 때가 바로 그때였습니다. 그는 예수의 유죄판결을 확인한 후 처형해 줄 것을 요구하였습니다. 나는 그에게 예수는 「갈릴리」사람이요 그 사건은 「헤롯」의 관할 지역에서 일어난 일이니 거기로 보내라고 명(命)을 내렸습니다. 교활한 그 영주는 겸양을 표시하는 척 하면서 「가이사」의 대리자인 저의 명령을 거절하고 그 사람의 운명을 제 손에 위탁하였습니다. 곧 저의 관저는 포위된 성보(城堡)의 형세를 띄었고 매순간마다 불만에 가득찬 터질 듯한 군중들은 그 수가 증가되었습니다. 「예루살렘」은 「나사렛」 산지(山地)에서 몰려온 군중들로 넘쳤으며 전 유대인들이 모두 「예루살렘」으로 쏟아져 들어오는 것 같았습니다. 저는 장래의 운명을 내다본다는 「까울」지방의 여자를 아내로 두고 있습니다. 아내는 제 발치에 엎드려 몸을 맡기고 울면서 말하였습니다. "조심하십시오. 조심하십시오.

저 사람에게 손대지 마십시오. 그는 거룩하신 분입니다. 어제 밤, 저는 환상 중에서 그를 보았습니다. 그는 물 위로 걸어가고 있었습니다. 그는 또 바람의 날개를 타고 날아다니고 있었습니다. 보세요. 「기드론」골짜기는 피로 물들어 붉게 흐르고 있었고 「가이사」의 조상(祖上)은 대량학살로 가득 차 있었습니다. 중간 기둥들은 퇴락하였고 태양은 무덤 속의 제녀(齊女)처럼 슬픔 속에 면사포로 가리고 있었습니다. 오! "빌라도여, 악(惡)이 당신을 기다리고 있습니다. 만일 당신이 당신의 아내인 제 애원을 듣지 않으신다면 「로마」중의원이 받을 저주가 두렵고 「가이사」가 당할 괴로움이 두렵습니다."

이때는 이미 몰려온 군중들의 무게로 층층대의 대리석 계단이 삐걱거렸습니다. 그들은 그 「나사렛」 사람을 다시 저에게 데리고 왔습니다. 저는 위병들의 호위를 받으며 재판하는 장소로 나아가서 엄격

 사도바울이 남긴 예수의 흔적

한 어조로 그들의 요구가 무엇인지 물었습니다. "그 「나사렛」사람의 죽음이요." 하고 그들은 대답하였습니다. "무슨 죄 때문인가?" 그는 참람한 말을 하였습니다. "하나님을 모독하고 성전의 황폐를 예언하였으며 그 자신 하나님의 아들이라고 하면서 유대인의 왕, 「메시아」라고 주장하였습니다." "「로마」의 법은," 하고 저는 말하였습니다. "그러한 죄는 사형에 처하지 않는다." "그를 십자가에 못 박으시오! 그를 십자가에 못 박으시오!"

냉혹한 폭도들이 소리 질렀습니다. 분노한 폭도들의 고함소리는 관저의 기초까지 흔들어 놓았습니다. 군중 속에는 오직 한 사람만이 침착하게 조용히 서 있었습니다. 그 「나사렛」사람이었습니다. 무자비한 핍박 자들로부터 예수를 보호하려고 여러 번 시도하였으나 헛수고로 돌아가고 저는 마침내 그 순간 예수의 생명을 구원할 수 있는 유일한 것으로 생각된 방법을 취하기로 하였습니다. 즉 이러한 명절에는 죄수 한 사람을 놓아주는 것이 그들의 관례였으므로 저는 예수를 자유롭게 놓아 소위 그들이 일컫는 속죄 염소로 삼자고 제안하였습니다. 그러나 그들은 예수를 십자가에 못 박아야 한다고 고집하는 것이었습니다.

그리하여 저는 그들에게 형사 재판에서 유죄 판결을 내리기 위하여서는 하루를 온전히 금식하지 않고서는 판결을 내릴 수 없다는 그들 자신의 법을 들어, 앞뒤가 맞지 않는 그들의 주장의 모순(矛盾)성을 지적하였습니다. 뿐만 아니라 유죄 선고는 「산헤드린」의 동의를 얻어 의장의 서명을 받아야 하며 또 어떠한 범죄자일지라도 형의 확정 선고를 받은 당일에는 그 형의 집행을 할 수 없으며 다음 날에 집행(執行)한다 할지라도 집행 전에 「산헤드린」이 전 경과를 검토해 보아야 하며 또 그들의 법에 따라서 한 사람이 기(旗)를 가지고 재판정 문에 서 있는 동안 다른 사람은 말을 타고 좀 떨어진 곳에서 범죄자의 이름과 죄명과 증인의 이름을 소리 높이 외쳐, 혹시 누가 그를 변호할 사람이 있을 지의 여부를 알아봐야 하며, 형 집행 도중 범인이 세 번 뒤를 돌아보아서 새로운 사실로 자신에게 유리한 변호를 할 권리가 있다는 것을 그들에게 깨우쳐 주었습니다.

저는 이러한 구실을 말해 줌으로써 그들이 두려운 마음으로 복종하기를 바랐으나 여전히 그들은 "그를 십자가에 못 박으소서! 그를 십자가에 못 박으소서!"라고 소리 질렀습니다. 저는 그들의 마음을 충족시켜 줄 생각에서 예수를 채찍질하라고 명령하였습니다. 그러나 그것은 군중의 분노를 증가시켰을 뿐이었습니다. 저는 대야를 가져오라고 하여 소란스러운 군중 앞에서 제 손을 씻음으로서 「나사렛」예수를 죽음에 내어 주는 데 대해서는 아무런 책임도 없다는 것을 보여주었습니다만 그것도 허사였습니다. 이 철면피 같은 군중들이 갈구하는 것은 바로 예수의 생명이었던 것입니다. 저는 가끔 시민폭동에서 노도한 군중을 목격하여 왔으나 이번처럼 격렬한 폭동은 본 적이 없었습니다. 마치 지옥의 모든 유령들이 「예루살렘」으로 모여든 것과 같았다고 밖에는 표현할 수가 없었습니다. 군중들은 걸어 다닌 다기보다는 갑자기 땅에서 불쑥불쑥 솟아나는 것 같았으며 총독 청사의 입구에서부터 「시온」산까지 이르는 군중들은 넘실거리는 파도를 따라 움직이는 소용돌이처럼 보였고, 「판노니아」의 공회소의 소동이나 폭동에서도 결코 들어볼 수 없는 가지가지의 해괴한 소리를 지르며 모여들었습니다.

겨울날 황혼 무렵처럼 날이 어두워지자, 저 위대한 「줄리어스·시저」가 죽었을 때처럼 적막하였습니다. 마치 3월 보름날 같았습니다. 모반을 일삼는 이

성을 위임받은 통치자로서, 저는 접견실 기둥에 기대어 서서 그 죄 없는 「나사렛」 젊은이를 처형하려고 끌고 다니는 어두컴컴한 지옥의 악마 같은 저들의 무서운 계략을 꺾을 방안을 생각하고 있었습니다. 제 주위의 모든 것이 황량하게 보였습니다. 「예루살렘」은 그 주민들을 「게모니카」로 가는 장례(葬禮)문을 통하여 모두 토하여 냈습니다.

황막하고 쓸쓸한 분위기가 제 주위를 둘러싸고 있었습니다. 저의 위병들은 기병과 백부장이 가세한 가운데 무력에 의한 질서유지에 전력을 기울였습니다. 저는 홀로 남았으며, 그때 잠깐 동안 지나간 그 순간은 마치 저 자신이 꿈속에서 살고 있는 것 같았습니다. 바람결을 타고 「골고다」에서 들려오는 큰 부르짖음 소리는 일찍이 인간의 귀로는 들어본 적이 없는 고통의 소리를 발하고 있었습니다. 검은 구름이 성전 꼭대기 위에 드리워졌으며 마치 면사포를 가리운 것처럼 「예루살렘」을 덮고 있었습니다. 하늘과 땅에 나타난 징조들은 너무도 두려운 것이었습니다.

마치 「디오누시오」가 "창조주가 고통을 당하고 있든지 우주가 떨어져 나가고 있든지 둘 중의 하나다"라고 크게 소리 질렀듯이 말입니다. 이러한 가공할 자연현상이 일어나는 동안 애굽에는 무서운 지진이 일어났으며, 모든 사람들은 두려움으로 떨고 있었으며 미신(迷信)에 사로잡힌 유대인들은 거의 죽음의 공포에 직면해 있었습니다. 「안디옥」사람인 나이 많고 학식이 풍부한 「빌도살」이라는 한 유대인은 이 지진소동이 있은 후 시체로 발견되었습니다. 그가 놀라서 죽었는지 아니면 슬픔으로 죽었는지는 알 수 없었으나 그는 그 「나사렛」사람의 절친한 친구였습니다. 그날 밤 첫 시간이 되기 전에 저는 외투를 걸치고 성안으로 들어가 「골고다」로 향하는 문으로 가 보았습니다.

그 제물은 죽어 있었습니다. 군중들은 아직도 흥분하고 있었으나 실상은 침울하여, 말없이 절망에 빠진 상태로 집에 돌아가고 있었습니다. 그들이 목격한 사실은 그들을 공포와 양심의 가책으로 몰아넣었던 것입니다. 저는 또 저의 적은 「로마」병정의 일단이 슬픔에 잠긴 채 지나가는 것을 보았으며 기수(旗手)는 슬픔의 표시로서 독수리 표 깃발로 얼굴을 가리고 지나가고 있었습니다. 또 병정의 일부는 무엇인가 혼잣말을 하면서 지나갔지만 저는 무슨 말인지 알아들을 수가 없었습니다. 어떤 사람들은 신(神)들의 뜻을 좇는 「로마」인들을 당황케 하는 기적들에 대하여 자세히 이야기하고 있었습니다. 가끔 한 무리의 남녀들이 걸음을 멈추고는 되돌아서서 움직이지도 않고 어떤 새로운 경이(驚異)를 기대하는 마음으로 「갈보리」언덕을 바라보고 있었습니다. 저는 허탈한 마음과 슬픔에 차서 총독청에 돌아왔습니다. 그 「나사렛」사람의 피가 아직 얼룩져 있는 계단을 오르다가 저는 문득 한 늙은이가 무엇을 탄원하는 듯한 태도로 서 있는 것과 그 노인 뒤에서 몇 명의 「로마」사람들이 눈물을 지으면서 서 있는 것을 보았습니다. 그는 내 발 앞에 몸을 굽히고 크게 통곡하였습니다. 늙은 노인이 울고 있는 것을 보니 마음이 아팠으며, 비록 외국 사람이기는 하지만, 함께 있는 「로마」사람과 같이 제 마음은 슬픔으로 어찌할 바를 몰랐습니다. 그리고 실제로 그날 제가 본 많은 사람들의 눈에는 눈물이 글썽이고 있는 듯이 보였습니다. 저는 그렇게 격한 감정을 가져본 체험이 없었습니다. 예수를 반역하여 판 사람들이나 그렇게도 반대 증언을 하고 "그를 십자가에 못 박으십시오. 그의 피 값을 우리에게 돌리시오."하고 큰소리쳤던 무리들은 비겁한 똥개같이 쑥 들어가 버려, 그들의 이빨을 식초로 씻은 듯 시침을 떼고 있었습니다.

제가 들은 대로 예수가 죽은 후에 부활(復活)하리
라는 그의 가르침이 사실이라면 이 가르침은 많은
군중 가운데서 실현될 것이라고 저는 확신하고 있
습니다. "영감님," 저는 감정을 억제하고 그 노인에
게 물었습니다. "당신은 누구시며 바라는 요구가 무
엇입니까?" "저는 「아리마데」 요셉이라고 합니다."
하고 노인은 대답하였습니다. "저는 「나사렛」예수
를 장사지내고 싶습니다. 그것을 허락해 달라고 당
신 앞에 무릎 꿇었습니다." "당신 소원대로 하십시
오."하고 저는 대답하였습니다. 그리고 동시에 저의
부관 「만류스」에게 명하여 병정 몇 사람을 대동하고
가서 매장하는 것을 감독하고 불경스러운 일이 일어
나지 않도록 하라고 지시하였습니다. 며칠 후 그의
무덤은 비어 있었으며, 그의 제자들은 각처로 다니
면서 예수가 자신이 말한 대로 죽은 사람들 가운데
서 다시 살아나셨다고 전파했습니다. 이 사건은 예
수를 십자가에 못 박았던 사건보다 더 혼란을 일으

켰습니다. 이 사실에 대해서 확실히 말할 수는 없지
만 어느 정도 제 나름대로 조사를 해 보았습니다. 황
제께서도 「헤롯」을 시켜 조사하여 보시면 저에게 잘
못이 있는지의 여부를 알 수 있을 것입니다. 요셉은
자신의 묘실(墓室)에 예수를 매장하였습니다. 그가
예수의 부활을 예상했는지 아니면 또 다른 묘실을
준비하려던 것인지는 저도 알 수 없었습니다.

예수가 매장된 다음날 제사장 한 사람이 총독청
으로 와서 제게 말하기를 예수의 제자들이 그의 시
체를 훔쳐 숨긴 후 그가 생전에 예언한 대로 살아난
것처럼 꾸미려고 한다고 하였습니다. 저는 그 제사
장을 친위대장인 「말커스」에게 보내어 무덤을 지키
기에 충분한 수대로 병정을 데리고 가서 배치하라
고 한 후, 만일 무슨 사건이 발생한다면 그들의 책
임이지 「로마」정부의 책임이 아니라고 하였습니다.
무덤이 비어있다는 사실이 알려지자 큰 흥분이 일

어났으며 저는 더 큰 근심에 싸이게 되었습니다. 저는 「이슬람」이라는 사람을 보내어 자초지종을 조사하게 하였는데 그는 제가 다음과 같은 상황을 연상할 수 있도록 자세히 말하여 주었습니다. 사람들은 그 무덤 위에서 부드럽고 아름다운 빛을 보았다고 하였습니다. 처음에 그는 여자들이 그들의 풍속대로 예수에게 발라드릴 향유를 가지고 왔는가 하고 추측하였습니다.

그러나 곧 그는 여자들이 파수군을 통과할 수 없으리라는 데 생각이 미쳤습니다. 이러한 여러 생각이 그의 마음에 스쳐가는 동안 이상하게도 온 주위가 환하고 밝게 비취고 거기에 이미 죽었던 많은 사람들이 그들의 수의(壽衣)를 입은 채로 서 있는 것 같았다고 하였습니다. 그들 모두가 말로는 다 표현할 수 없는 기쁨에 충만하여 환호하는 듯 하였으며 동시에 그 주위와 위로부터 그가 들어 본 적이 없는 아

름다운 음악이 들려왔으며 온 누리에 하나님을 찬양
하는 소리가 가득차고 넘친 것 같았다고 합니다.

　이런 것을 보고 듣는 동안 땅은 기고 헤엄치는 것
같았고 그는 토할 것 같고 힘이 없어 일어설 수가
없었다고 하였습니다. 대지는 그 아래에서 헤엄치
는 듯하여 그의 감각은 마비되고 그는 무슨 일이 일
어나는지 알 수 없었다는 것입니다. 정신이 돌아왔
을 때 어떻게 되었느냐고 물었더니 그는 얼굴을 땅
에 대고 엎드려 있었다고 하였습니다. 저는 그의 현
기증이 잠에서 깨어나 너무 갑자기 일어남으로 흔
히 있는 것 같은 그런 경우가 아니었는가 물었습니
다. 그는 말하기를 잠들은 것이 아니라, 마치 임무
소행 중에 잠을 잤기 때문에 사형 선고를 받아 죽는
경우와 같았다고 하였습니다. 또 말하기를 병정들은
서로 교대로 잠을 잤다고 하였습니다. 그러면 그 광
경은 얼마 동안이나 계속되었는지 물었습니다. 그는

대답하기를 확실하게는 모르지만 약 한 시간쯤 되
지 않았나 짐작한다고 하였습니다. 또 정신이 돌아
온 후 그 무덤에 가보았느냐고 물었으나 못 갔다고
대답하였고 그 이유는 교체 병이 오자마자 그들이
숙소로 가는 것을 두려워했기 때문이라고 했습니다.

　그러면 제사장들에게 질문을 당하였느냐고 물었
더니 그렇다는 것이었습니다. 그 내용인즉 제사장은
밤에 일어난 사건이 지진이었으며 파수군들이 모두
잠들었을 때 제자들이 예수의 시체를 훔쳐간 것이
라고 말한다면 그에게 돈을 주겠다고 하였다는 것
이었습니다. 그러나 그는 거기서 한 사람의 제자도
보지 못하였으며 시체가 없어졌다는 사실도 모르고
있었으며 누군가의 말을 듣고 후에 알았다는 것이
었습니다. 저는 그가 같이 대화한 제사장들의 예수
에 대한 견해가 어떠하냐고 물어 보았습니다. 그는
대답하기를 제사장이 더러는 예수는 남자도 사람도

아니며 「마리아」의 아들도 아닐 뿐더러 「베들레헴」의 처녀의 몸에서 탄생된 그 사람이 아니라고 말하였다고 대답했습니다.

　제가 생각하기로는 만일 유대인의 주장이 사실이라면 다음과 같은 결론을 지을 수 있을 것 같습니다. 왜냐하면 마치 진흙이 토기장이의 손에 있듯이 모든 것이 그 사람의 손에 있다는 사실이 그를 따르는 자들이나 배척자들에 의하여 알려지고 증거된 것처럼 그 모든 사실이 그 사람의 생애와 조화되기 때문입니다. 그는 물을 포도주로 만들 수 있었습니다. 그는 바다를 잠들게 하고 폭풍을 멈추게 하고 고기를 잡아 그 입에서 은전을 얻어낼 수 있었던 분입니다. 만일 모든 유대인들이 증거하는 것처럼 그가 했다고 하는 많은 일들을 그가 할 수 있었다면 그를 대적하게 했던 그의 모든 주장은 사실일 수밖에 없다고 저는 감히 말씀드립니다.

　그는 범죄 함으로, 어떤 법을 어김으로써 또 누구를 그릇되게 함으로써 비난을 산적은 없었습니다. 이 모든 사실은 그를 지지하였던 사람 뿐 아니라 그를 대항(對抗)하였던 수많은 사람들까지도 인정하고 있습니다. 십자가 옆에서 「말커스」가 말한 것처럼 나는 진실로 이 사람은 하나님의 아들이었다고 말하고 싶습니다. 각하여, 이것은 제가 할 수 있는 한 사실대로 기록한 것입니다. 이번 사건에 있어서 「안티파터」가 제게 관한 여러 가지 가혹한 평을 하였다고 들었으므로 황제께서 사건의 전모를 아신 후 제가 취한 행동에 대하여 바른 판단을 내려 주시도록 자세히 쓰느라고 많은 애를 썼습니다. 각하의 건승(健勝)을 빕니다. 저는 각하의 가장 충실한 신하입니다.

　　　　　　　　　　　　　　　본디오·빌라도

지금 이 빌라도 보고서를 끝까지 봉독(奉讀)하신 분들은 예수님 당시의 행적(行蹟)을 현장에서 직접 목격하듯이 생동감(生動感)있게 느끼셨으리라 생각합니다. 이 빌라도 보고서를 통해서 당시 예수님의 모습과 실체, 예수님의 사역과 가르침 그리고 예수님 당시 유대인들의 신앙과 예수님에 대한 빌라도의 견해(見解)와 처사(處事)를 분명하게 알았을 것입니다. 그리고 예수님이 유대인들에게 고소당해 십자가에서 죽기까지의 상황들이 복음서에 기록된 내용보다 더 분명하고 자세하게 기록이 되어 있다는 것도 알았을 것입니다. 빌라도 보고서가 발견됨으로 오늘날 기독교인들은 큰 충격과 더불어 놀라움을 금치 못할 것입니다. 왜냐하면 기독교인들은 지금까지 사도신경을 통해서 예수님은 본디오 빌라도가 십자가에 못 박아 죽였다고 알고 있었는데 예수님을 죽인 것은 빌라도가 아니라 하나님을 믿고 섬기는 유대교의 대제사장과 유대교인들이기 때문입니다. 빌라도는 오히려 예수님을 잡아 죽이려는 유대인들의 위험으로부터 예수님을 보호하기 위해 배후(背後)에서 은밀하게 노력을 하였으며 또한 유대인들이 예수를 죽이려고 할 때 어떻게 해서든지 예수님을 살리려고 한 것을 볼 수 있습니다. 그런데 오늘날 기독교회의 목회자들은 지금도 교인들에게 사도신경으로 신앙을 고백하게 하면서 예수님은 빌라도가 죽였다고 위증을 시키고 있다는 것입니다.

그러면 오늘날 기독교회 목사님들은 어떤 성경을 보며, 어떤 하나님과 어떤 예수님을 믿고 있는지 알 수가 없습니다. 그러므로 이 빌라도 보고서를 보신 분들은 지금이라도 예수님을 죽인 진범을 밝히 드러내어 알려주고 또한 오늘날 목회자들의 거짓을 모두 드러내어 지금까지 억울하게 누명을 쓰고 고통 받고 있는 빌라도를 해방시켜야 합니다. 그러면 빌라도가 그동안 죄 가운데서 벗어나는 것은 물론 예수님께서도 매우 기뻐하실 것입니다.

이 글을 봉독하신 분들은 빌라도 보고서를 모든 기독교인들에게 알려서 하루속히 빌라도를 매장(埋葬)시킨 삯꾼목자와 거짓 목자의 틀에서 벗어나 참 목자를 찾아 올바른 신앙생활을 할 수 있도록 도와주시기를 바랍니다.

하늘에서 온 그리스도의
아홉 번째 편지

의문에 속한 계명과 율법

하늘에서 온 그리스도의 아홉째 편지는 의문에 속한 계명과 율법에 대하여 말씀하고 있습니다. 저는 신앙생활을 해 오면서 의문에 속한 계명과 율법이 무엇인지 전혀 모르고 있었습니다. 왜냐하면 저는 지금까지 목사님들에게 의문에 속한 계명과 율법이 있다는 말씀을 한 번도 들어 본적이 없기 때문입니다. 그런데 그리스도의 아홉 번째 편지를 보고 하나님께 속한 계명과 율법이 있고 의문에 속한 계명과 율법이 있다는 것을 알게 되었습니다. 문제는 의문에 속한 계명과 율법이 하나님의 계명과 율법을 대적할 뿐만 아니라 살아야 할 영혼들을 죽이고 있다는 것입니다. 그런데 의문에 속한 계명과 율법을 저만 모르는 것이 아니라 교인들도 모르고 있는 것입니다. 그러므로 이제 그리스도의 편지를 통하여 알게 된 하나님의 계명과 의문에 속한 계명에 대하여 말씀을 드리려고 합니다.

하나님의 계명과 율법은 하나님께서 하나님의 백성들에게 대대손손이 지켜 행하라는 하나님의 법이며 의문에 속한 계명과 율법은 유대 제사장이나 오늘날 기독교회의 목회자들이 하나님의 말씀을 가감하여 만든 각종 교리와 교회의 법(규범)을 말씀하고 있습니다. 그런데 기독교인들이 하나님께서 지켜 행

하라는 하나님의 계명과 율법은 지키지 않고 목회자들이 만든 교리와 법을 지키고 있다는 것입니다

왜 그럴까요? 그 이유는 목회자들이 예수님이 오셔서 율법을 모두 폐하셨다고 가르치고 있기 때문입니다. 그러면 예수님께서 오셔서 하나님의 율법을 모두 폐하셨다는 목사님들의 말이 사실일까요? 아니면 거짓일까요? 그런데 성경을 확인해 보니 예수님은 오히려 율법을 완전하게 하시려고 오셨다고 말씀하고 있으며 율법을 폐하셨다고 말씀하신 적이 없다는 것입니다.

[마태복음 5장 17절] 내가 율법이나 선지자나 폐하러 온 줄로 생각지 말라 폐하러 온 것이 아니요 완전케 하려 함이로라.

예수님은 상기의 말씀과 같이 율법이나 선지자의

말씀을 폐하러 온 것이 아니라 완전하게 하려고 오셨다고 말씀하고 있습니다. 왜냐하면 예수님도 하나님의 율법을 마음대로 폐하거나 가감할 수 없기 때문입니다. 그런데 오늘날 목회자들은 예수님께서 율법을 폐하셨다고 거짓 증거를 하며 율법을 지키지 않고 있는 것입니다. 오늘날 목회자들이나 기독교인들이 하나님의 율법을 지키느냐 폐하느냐 하는 것은 생사(生死)가 달려 있는 문제입니다.

[신명기 4장 1절] 이스라엘아 이제 내가 너희에게 가르치는 규례와 법도를 듣고 준행하라 그리하면 너희가 살 것이요 너희의 열조의 하나님 여호와께서 너희에게 주시는 땅(가나안)에 들어가서 그것(영생)을 얻게 되리라.

상기와 같이 하나님께서 하나님의 백성들에게 준행하라고 명하신 규례와 법도는 곧 십계명과 율법을 말씀하고 있습니다. 하나님께서 하나님의 백성들에게 규례(십계명)와 법도(율법)를 지키라고 명하신 것은 약속의 땅 가나안에 들어가서 영원한 생명을 주시려는 것입니다. 그런데 하나님께서 하나님의 백성들에게 지켜 행하라고 명하신 하나님의 계명과 율법을 기독교인들은 지키지를 않고 있습니다. 왜냐하면 교회의 목사님들이 예수님이 오셔서 율법을 폐하셨다고 거짓 증거를 하며 하나님께서 지켜 행하라고 명하신 계명과 율법을 모두 폐해 버렸기 때문입니다.

그러나 예수님은 "하나님의 계명과 율법"을 폐하신 것이 아니라 "의문에 속한 계명과 율법"을 폐하신 것입니다. 그런데 오늘날 목회자들은 지금도 예수님이 오셔서 하나님의 계명과 율법을 폐하셨다고 거짓 증거를 하고 있는 것입니다. 그러면 하나님께서 지켜 행하라는 계명과 율법은 무엇이며 "의문에 속한 계명과 율법"의 실체는 과연 무엇일까요? 하나님께서 지키라고 명하신 계명은 십계명(十誡命)을 말하며 율법은 모세 오경을 말씀하고 있습니다. 때문에 천국을 들어가려는 하나님의 백성들이라면 하나님의 계명과 율법은 어느 시대 어느 누구를 막론하고 반드시 지켜야 하는 것입니다.

그런데 오늘날 기독교인들은 십계명과 율법을 그 옛날 이스라엘 백성들에게만 주신 것처럼 오해를 하고 지키지 않고 있습니다. 그러나 하나님께서 지키라고 명하신 십계명과 율법은 우리 열조, 즉 이스라엘 백성(유대인)들은 물론 오늘날 살아 있는 하나님의 백성들 곧 오늘날 기독교인들도 지켜 행하라고 주신 것이라 말씀하고 있습니다.

[신명기 5장 1절-3절] 모세가 온 이스라엘을 불러 그들에게 이르되 이스라엘아 오늘 내가

너희 귀에 말하는 규례(십계명)와 법도(율법)를 듣고 그것을 배우며 지켜 행하라 우리 하나님 여호와께서 호렙산에서 우리와 언약을 세우셨나니 이 언약은 여호와께서 우리 열조와 세우신 것이 아니요 "오늘날 여기 살아 있는 우리" 곧 "우리(오늘날 하나님의 백성들)와 세우신 것이라."

상기의 말씀과 같이 하나님께서 지켜 행하라고 주신 십계명과 율법은 오늘날 살아 있는 하나님의 백성들 곧 오늘날 기독교인들에게 주신 것이라 말씀하고 있습니다. 때문에 우리 열조, 즉 이스라엘 백성들은 물론 오늘날 기독교인들도 반드시 지켜 행해야 하는 것입니다. 그런데 이렇게 중요한 계명(十誡命)과 율법을 오늘날 기독교인들은 도외시(度外視)하며 지키지 않는 것입니다. 왜냐하면 목사님들이 예수님이 오셔서 율법을 모두 폐하셨다고 거짓 증거를 하며 의문에 속한 계명과 율법을 만들어 교인들에게 지키라고 가르치고 있기 때문입니다. 목사님들이 예수님께서 오셔서 율법을 폐하셨다고 주장을 하는 것은 에베소서 2장 15절과 골로새서 2장 14절에 기록된 말씀 때문입니다. 그런데 예수님이 오셔서 폐하신 것은 "의문에 속한 계명과 율법"이지 "하나님의 계명과 율법"이 아닙니다. 그럼에도 불구하고 목사님들은 원문 성경에 기록된 "의분"이라는 단어의 뜻을 모르기 때문에 하나님의 말씀을 왜곡하여 예수님이 율법을 폐하셨다고 거짓 증거를 하고 있는 것입니다.

[에베소서 2장 15절] 원수 된 것 곧 "의문에 속한 계명의 율법"을 자기 육체로 폐하셨으니 이는 이 둘로 자기의 안에서 한 새사람을 지어 화평하게 하시고.

[골로새서 2장 14-15절] 우리를 거스리고 우리를 대적하는 "의문에 쓴 증서"를 도말하시고 제하여 버리사 십자가에 못 박으시고 정사와 권세를 벗어 버려 밝히 드러내시고 십자가로 승리하셨느니라.

오늘날 기독교회의 목사님들은 상기의 말씀 때문에 예수님이 오셔서 "하나님의 계명과 율법"을 폐하셨다고 주장을 하고 있는 것입니다. 그러나 상기의 말씀을 보면 예수님이 오셔서 폐하신 것은 하나님의 계명과 율법이 아니라 "의문에 속한 계명과 율법" 곧 목회자들과 신학자들이 하나님의 계명과 율법을 가감(加減)하여 만든 교회의 법과 교리를 말하고 있습니다. 왜냐하면 "의문에 속한 계명과 율법"은 "하나님의 계명과 율법"을 대적하고 배척하는 것은 물론 살려야 할 영혼들을 모두 죽이고 있기 때문입니다. 그래서 예수님께서 오셔서 "의문에 속한 증서(교회의 법과 교리)"들을 모두 도말(塗抹)하시고 폐하시고 십자가에 못 박아 버린 것입니다.

그런데 오늘날 목회자들은 예수님께서 오셔서 "하나님의 계명과 율법"을 폐하셨다고 거짓 증거를 하고 있는 것입니다. 그러면 "의문에 속한 계명과 율법"은 무엇 때문에 누가 만든 것일까요? "의문(儀文)"이라는 단어는 원문 성경에 "도그마($\delta\acute{o}\gamma\mu\alpha$)"로 기록되어 있으며 단어의 뜻은 사람들이 하나님의 말씀을 가감(加減)하여 만든 각종 교리, 교회의 법, 유전, 신조, 교조 등을 말하고 있습니다. 그런데 기독교회의 목회자들이 각종 의문(교리)을 만들어 지키고 있는 것은 하나님의 계명과 율법대로는 목회하기가 어려울 뿐만 아니라 하나님의 계명과 율법 때문에 자기 욕심을 채울 수가 없기 때문입니다.

그러므로 유대교의 제사장들과 기독교의 목사님들

은 자기 욕심을 채우기 위해 하나님의 말씀(계명과
율법)을 가감(加減)하여 각종 "의문"들을 만들어 낸
것입니다. 때문에 하나님께서 하나님의 백성들에게
신명기 4장을 통해서 이렇게 명하고 있는 것입니다.

[신명기 4장 1절-2절] 내가 너희에게 가르치는
규례와 법도를 듣고 준행하라 그리하면 너희
가 살 것이요 너희의 열조의 하나님 여호와께
서 너희에게 주시는 땅(가나안)에 들어가서 그
것(영생)을 얻게 되리라. 내가 너희에게 명하
는 말을 너희는 가감하지 말고 내가 너희에게
명하는 너희 하나님 여호와의 명령을 지키라.

상기의 말씀과 같이 내가 너희에게 가르치는 규
례와 법도를 듣고 준행하면 너희가 살 것이요 너희
열조의 하나님께서 너희에게 주시는 가나안 땅에
들어가 영생을 얻게 되리라고 말씀하고 있습니다.

그리고 너희는 내가 명하는 규례와 법도를 조금이라도 가감(加減)하지 말라고 엄히 명하고 있습니다. 이렇게 하나님께서 하나님의 규례와 법도를 조금도 가감하지 말라고 명하시는데도 불구하고 오늘날 목회자들은 자신의 사리사욕(私利私慾)을 채우기 위해 하나님의 말씀을 가감하여 각종 교리와 교회의 법을 만든 것입니다. 하나님의 백성들이 신앙생활을 하면서 구원도 받지 못하고 죽어가는 것은 "의문(儀文)", 즉 목회자들이 하나님의 말씀을 가감(加減)하여 만든 각종 교리와 교회의 법 때문입니다. 이렇게 사람들이 만들어 놓은 의문(儀文)은 하나님과 예수님의 말씀을 대적(對敵)하면서 천국으로 들어가야 할 영혼들을 멸망으로 인도하는 마귀와 같이 무서운 존재인 것입니다. 그러면 오늘날 의문에 속한 계명과 율법은 구체적으로 무엇을 말씀하고 있는 것일까요?

오늘날 기독교인들이 만들어 지키고 있는 의문들은 대부분이 사도신경을 근거로 하여 만든 것입니다.

1. 인간들은 태어날 때부터 원죄가 있다는 것.
2. 예수님을 본디오 빌라도가(에 의해) 죽였다는 것.
3. 예수님을 믿고 입으로 시인하면 하나님의 아들이 되었다는 것.
4. 사람이 손으로 건축한 성전을 거룩한 공회(교회)라고 말하는 것.
5. 예수님의 육신(몸)이 성령으로 잉태하여 태어났다는 것.
6. 죽은 몸이 다시 살아난다는 것.
7. 예수님이 태어난 날이 12월 25일이라는 것.
8. 안식일을 주일날(일요일)로 지키는 것.
9. 포도주와 떡을 만들어 예수님의 살과 피라는 것.

10. 죄인들이 회개하면 모든 죄가 사해진다는
    것. 등입니다.

상기와 같이 기독교회에서 하나님의 말씀을 가감하거나 변형시켜 교리로 만들어 지키는 것들이 바로 의문에 속한 계명과 율법입니다. 이러한 의문은 에덴동산에 있던 간교한 뱀으로부터 시작된 것입니다. 왜냐하면 에덴동산에 있던 간교한 뱀이 하나님의 말씀을 변형하여 아담과 하와에게 선악과를 먹으면 하나님과 같이 된다고 속여 죄를 범하게 하였기 때문입니다. 그런데 아담과 하와를 하나님의 말씀으로 미혹한 간교한 뱀은 실제 뱀이 아니라 간교한 사람 곧 오늘날 거짓 선지자와 삯꾼목자를 비유로 말씀하신 것입니다.

왜냐하면 오늘날 거짓 선지자와 삯꾼목자들도 뱀과 같이 교인들에게 예수님을 믿기만 하면 하나님의 아들이 된다고 미혹하고 있기 때문입니다. 그래서 예수님은 오늘날 의문에 속한 계명과 율법을 가지고 교인들을 미혹하는 거짓 선지자와 삯꾼목자들에게 독사의 자식이라 말씀하신 것입니다. 때문에 예수님께서 이 세상에 오셔서 "의문에 속한 계명과 율법"을 모두 십자가에 못 박으신 것입니다. 그런데 오늘날 목회자들은 지금도 하나님께 속한 계명과 율법을 예수님께서 폐하셨다고 거짓 증거를 하고 있습니다. 오늘날 기독교인들이 신앙생활을 열심히 하면서도 영생을 얻지 못하는 것은 물론 구원조차 받지 못하고 죽는 것은 하나님의 계명과 율법을 떠나서 의문(儀文)에 속한 계명과 율법 곧 기독교회가 만든 교리와 교회의 법을 지키고 있기 때문입니다.

그러므로 오늘날 기독교인들은 그동안 의문에 속한 계명과 율법을 지킨 죄를 하루속히 회개하고 하나님의 계명과 율법으로 돌아가야 합니다. 그러면 하나님께서 모든 죄를 용서해 주실 것입니다. 그런데 이런 말씀을 듣고 알면서도 회개하지 않고 계속해서 의문에 속한 계명과 율법을 지킨다면 모두 멸망을 받아 지옥으로 들어가게 된다는 것입니다.

그러므로 오늘날 기독교인들은 하루 속히 회개하고 이제 부터라도 하나님의 계명과 율법을 지켜야 합니다. 저는 그리스도의 편지를 보신 분들은 모두 회개하고 하나님의 계명과 율법을 지켜서 천국에 이르기를 바라는 마음으로 이 글을 기록하였습니다.

하늘에서 온 그리스도의
열 번째 편지

창세기 속에 감추어져 있는 창조의 비밀

하늘에서 온 그리스도의 열 번째 편지는 그동안 창세기 속에 감추어져 있던 창조의 비밀이라 말씀하고 있습니다. 저는 지금까지 성경을 여러 번 읽고 말씀을 여기 저기 찾아다니면서 성경 공부도 해 보았지만, 아직도 알 수 없는 것이 창세기의 말씀입니다. 그런데 그리스도의 열 번째 편지에 기록된 말씀이 창세기 속에 감추어져 있던 창조의 비밀이라는 말씀에 너무 기뻐 마음까지 흥분이 되었습니다. 제가 그리스도의 열 번째 편지를 열어 보니 창세기에 기록되어 있는 창조의 비밀은 인간의 눈으로는 도저히 볼 수 없고 알 수도 없는 비밀 중의 비밀의 말씀이었습니다.

그러므로 하나님께서 창세기 속에 감추어 놓으신 창조의 비밀은 하나님을 믿고 섬기는 기독교인들이라면 어느 누구를 막론하고 반드시 알아야 한다고 생각하여 이 글을 기록하였습니다. 이제부터 그동안 창세기 속에 감추어져 있던 창조의 비밀을 말씀드리겠습니다.

성경을 보면 창세기 1장에 하나님께서 천지 곧 하늘과 땅을 창조하셨다고 기록되어 있습니다. 때문에 기독교인들은 하나님께서 우주 만물을 창조하셨다고 주장을 하고 있는데 과학자들은 빅뱅에 의해 우주가 생겨났다고 말하며 진화론자들은 자연 만물이 모두 진화의 과정을 통해 존재하는 것이라고 주장을 하고 있습니다.

그러면 누구의 말이 맞는 것일까요? 문제는 창조주 하나님이 계시지 않는다면 우주가 존재할 수 없는 것은 물론 자연 만물이나 인간들이 한 순간도 생존할 수가 없다는 것입니다. 왜냐하면 창조주 하나님께서 우주와 만물을 창조하셨고, 지금 이 순간에도 우주와 자연 만물을 운행하고 계시고 또한 인간의 생사화복도 주관하고 계시기 때문입니다. 그러므로 하나님을 창조주로 믿고 예수님을 구주로 믿고 있는 하나님의 백성들은 창조주 하나님의 뜻과 하나님께서 만드신 천지 창조를 올바로 알아야 합니다.

지금까지 유대인들은 물론 오늘날 기독교인들도

하나님께서 태초에 하늘과 땅을 만드셨다고 믿어 오고 있습니다. 그런데 하나님께서 창조하신 하늘과 땅은 영적으로 무엇을 말씀하고 있으며 또한 태초는 영적으로 무엇을 말씀하고 있는지 그 실체를 분명히 아는 사람은 지금까지 별로 없었다는 것입니다. 왜냐하면 하나님께서 성경에 기록된 말씀은 밭에 감추어 놓은 보화와 같이 영적인 뜻은 모두 감추어 놓았기 때문입니다.

그래서 성경이 기록된 지 3천 5백년이 지난 지금까지 하나님이 창조하신 하늘과 땅이 무엇인지 그리고 태초의 실체가 영적으로 무엇을 말씀하고 있는지를 아직도 모르고 있는 것입니다. 그러면 하나님께서 창조하신 하늘과 땅은 영적으로 무엇을 말씀하고 있으며 또한 태초 속에 감추어져 있는 영적 실체는 과연 무엇을 말씀하고 있는 것일까요? 오늘날 기독교회는 지금도 창세기 1장에 기록되어 있는

천지 창조를 우주 만물과 인간들이 살아가는 이 세
상을 만드신 것이라 믿고 있습니다.

그러나 하나님께서 성경을 통해서 말씀하고 있는
모든 사건이나 말씀들은 창세기부터 계시록까지 모
두 구속사 곧 땅(육신)에 속한 죄인들을 구원하여
하늘에 속한 하나님의 아들로 창조하시는 말씀으로
기록되어 있다는 것입니다. 그런데 아직 하늘(하나
님의 아들)로 창조(거듭남) 받지 못한 땅의 존재 곧
육신의 존재들은 지금까지 창세기 1장에 기록된 말
씀들을 모두 육신의 눈으로 보고 하나님께서 우주
와 만물을 말씀으로 창조하셨다고 주장하고 있습니
다. 그러나 하나님께서 창세기 1장을 통해서 말씀
하고 계신 천지 창조는 땅에 속한 육신의 존재(땅)
를 하나님의 말씀으로 하늘에 속한 영의 존재 곧 하
나님의 아들로 만드시는 과정을 말씀하고 있습니다.
그런데 아직 하늘로 창조 받지 못한 땅(육신)의 존

재들은 영안(하나님의 눈)이 없기 때문에 지금도 창세기 1장에 기록된 천지 창조를 하나님께서 하늘과 땅을 창조하셨다고 믿고 있는 것입니다. 왜냐하면 하나님께서 하나님의 영적인 말씀들은 모두 비밀한 가운데 감추어 놓으셨기 때문입니다.

[고린도 전서 2장 6절-9절] 그러나 우리가 온전한 자들 중에서 지혜를 말하노니 이는 이 세상의 지혜가 아니요 또 이 세상의 없어질 관원의 지혜도 아니요 오직 비밀한 가운데 있는 하나님의 지혜를 말하는 것이니 곧 감취었던 것인데 하나님이 우리의 영광을 위하사 만세 전에 미리 정하신 것이라. 이 지혜는 이 세대의 관원이 하나도 알지 못하였나니 만일 알았더면 영광의 주를 십자가에 못 박지 아니하였으리라. 기록된바 하나님이 자기를 사랑하는 자들을 위하여 예비하신 모든 것은 눈으로 보지

상기의 말씀과 같이 하나님의 지혜 곧 하나님의 영적인 말씀은 오직 비밀한 가운데 감추어져 있기 때문에 이 세대의 관원(오늘날 목회자)들이 하나(단 한명)도 알지 못했다고 말씀하고 있습니다. 만일 말씀 속에 감추어져 있는 영적인 뜻을 알았다면 영광의 주 곧 예수님을 십자가에 못 박지 않았을 것이라 말씀하고 있습니다. 이어서 하나님은 자기를 사랑하는 자들을 위하여 예비하신 영적인 말씀들은 저희들이 눈으로 보지 못하고 귀로도 듣지 못하고 마음으로도 생각하지 못하였다고 말씀하고 있습니다.

때문에 하나님의 아들이신 예수님도 그의 제자들에게 내가 너희에게 하는 말은 모두 비사와 비유라 말씀하시면서 너희가 지금 듣고 있는 이 말씀은 저희 곧 유대인들은 눈이 있어도 보지 못하고 귀가 있어도 듣지 못하고 마음이 있어도 깨닫지 못한다고 말씀하고 있는 것입니다.

[마태복음 13장 10절-14절] 제자들이 예수께 나아와 가로되 어찌하여 저희에게 비유로 말씀하시나이까. 대답하여 가라사대 천국의 비밀을 아는 것이 너희에게는 허락되었으나 저희에게는 아니 되었나니 무릇 있는 자는 받아 넉넉하게 되되 무릇 없는 자는 그 있는 것도 빼앗기리라 그러므로 내가 저희에게 비유로 말하기는 저희가 보아도 보지 못하며 들어도 듣지 못하며 깨닫지 못함이니라. 이사야의 예언이 저희에게 이루었으니 일렀으되 너희가 듣기는 들어도 깨닫지 못할 것이요 보기는 보아도 알지 못하리라.

상기의 말씀은 예수님의 제자들이 예수님에게 어찌하여 저희(유대인)에게는 비유로 말씀하시냐고 묻고 있는 것입니다. 그런데 예수님은 영적인 비유 곧 하나님의 영적인 말씀은 너희(제자들)에게는 듣는 것이 허락되었지만, 저희(유대인)에게는 허락되지 않아 보지 못하고 듣지도 못하는 것이라 말씀하고 있습니다. 이렇게 하나님의 말씀이나 예수님의 말씀도 모두 영적인 말씀으로 비유와 비사로 되어 있기 때문에 말씀 속에 감추어져 있는 영적인 뜻은 유대인들은 물론 오늘날 기독교인들도 듣기는 듣고 보기는 보아도 영적인 뜻은 알 수가 없는 것입니다.

그러면 창세기 1장 1절을 통해서 말씀하고 있는 태초와 하나님이 창조하시는 땅과 하늘은 영적으로 무엇을 말씀하고 있는 것일까요? 오늘날 기독교인들이 수천 년이 지난 지금까지 성경에 기록된 하나님의 말씀을 올바로 알지 못하고 있는 것은 창세기

1장 1절을 올바로 알지 못하고 있기 때문입니다. 왜냐하면 엉켜 있는 실타래의 첫 매듭을 풀지 못하면 실타래를 풀 수 없듯이, 성경의 관문인 창세기 1장 1절의 말씀을 올바로 열지 못하면 성경을 통해서 말씀하고 있는 하나님의 뜻 곧 말씀의 영적인 뜻은 알 수가 없는 것입니다.

때문에 오늘날 영안이 없는 목회자들은 성경에 기록된 영적인 말씀을 임의로 해석하거나 억지로 풀어서 교인들에게 가르치고 있는 것입니다. 그러므로 하나님의 말씀으로 영혼을 구원하고 살려야 하는 목회자(제사장)들이 오염된 말씀으로 교인들의 영혼을 병들게 하고 죽게 만드는 것입니다. 그러므로 오늘날 목회자들은 물론 교인들도 창세기 1장의 말씀 속에 감추어져 있는 하나님의 영적인 비밀을 분명하게 알아야 합니다. 이제 창세기 1장에 감추어져 있는 영적인 비밀들을 원문(히브리어) 성경에 기록된 말씀을 근거로 해서 한절, 한절 자세히 살펴보기로 하겠습니다.

[창세기 1장 1절] 태초에 하나님이 천지를 창조하시니라.

상기의 말씀과 같이 개역 성경에는 "태초에 하나님이 천지를 창조하셨다"고 기록되어 있습니다. 그러나 원문 성경에는 "태초" 안(베레쉬트)에 있는 하나님들(엘로힘)이 그 땅(하 아래쯔)을 그 하늘(하 솨마임)로 창조하신다는 뜻으로 기록되어 있습니다. 즉 원문에 기록되어 있는 1절의 뜻은 "태초 안에 있는 하나님들이 그 땅을 그 하늘로 창조하시겠다."는 말씀입니다. 땅과 하늘에 관사(그)가 붙어 있는 것은 하나님께서 모든 땅을 하늘로 창조하시는 것이 아니라 하나님께서 지정한 그 땅을 그 하늘로 만드신다는 뜻입니다. 즉 하나님은 모든 땅을 하늘로 창조하시는 것이 아니라 하늘이 될 가능성이 있는 땅을 선택하여 하늘 곧 하나님의 아들을 만드시겠다는 것입니다. 이것은 로마서 말씀을 보면 잘 알 수 있습니다.

[로마서 8장 29절-30절] 하나님이 미리 아신 자들로 또한 그 아들의 형상을 본받게 하기 위하여 미리 정하셨으니 이는 그로 많은 형제 중에서 맏아들이 되게 하려 하심이니라 또 미리 정하신 그들을 또한 부르시고 부르신 그들을 또한 의롭다 하시고 의롭다 하신 그들을 또한 영화롭게 하셨느니라.

상기의 말씀은 땅이 하늘 곧 하나님의 아들로 창조하는 과정을 말씀하고 있습니다. 즉 하나님은 그 많은 형제 중에서 맏아들(예수님)이 되게 하시려고 미리 아신 자(그 땅)들을 정하시고 정하신 그들을 부르시고 부르신 그들을 의롭게 하시고 의롭다 하신 그들을 영화롭게 하신다고 말씀하고 있습니다. 이렇게 하나님께서 말씀하시는 그 땅(그 사람)은 모든 땅(사람)을 말하는 것이 아니라 하나님이 아시고 미리 정하신 땅(사람)을 말씀하고 있는 것입니다.

이렇게 하나님은 하나님과 예수를 믿는다 하여 모두 하나님의 아들로 창조하시는 것이 아니라 아들로 창조될 가능성이 있는 자를 미리 아시고, 정하시고, 부르시고, 의롭게 하시고 영화롭게 하셔서 하나님의 아들로 창조하신다는 뜻입니다. 이러한 하나님의 뜻을 모르기 때문에 어느 교단에서는 만인 구원설을 주장하고 있으며 오늘날 목사님들은 예수를 믿기만 하면 모두 하나님의 아들이 된다고 거짓 증거를 하고 있는 것입니다.

그러면 성경 필두에 최초로 등장하는 "태초"라는 단어는 영적으로 어떤 뜻이 담겨 있을까요? 개역 성경에 태초(시제)로 기록되어 있는 단어 "태초"는 원문 성경에 '베레쉬트' 곧 "태초(시간) 안"이라 기록되어 있습니다. 그런데 "태초"가 만일 시제(시간)라면 하나님께서 시제(시간) 안에 계신다는 것입니다. 오늘날 기독교인들이 하나님은 시공을 초월해 계신 분이라 말하고 있습니다. 그런데 태초가 시제(시간)라면 하나님께서 시간 안에 계신다는 뜻이 됩니다. 그러면 하나님께서 원문을 통해서 말씀하고 계신 "태초"의 실체는 과연 무엇일까요?

성경이 시작되는 첫 단어 "태초"는 뼈 중의 뼈요 살 중의 살과 같이 인간의 눈으로는 볼 수 없고 귀로도 들을 수 없는 비밀 중의 비밀의 말씀입니다. 왜냐하면 성경에 기록된 모든 말씀은 태초로부터 시작되고 모든 만물은 태초 안에 있기 때문입니다. 그런데 오늘날 목회자들이나 성경학자들이 성경 말씀을 올바로 해석하지 못하는 것은 태초 안에 감추어져 있는 영적인 뜻을 아직도 모르고 있기 때문입니다. 이제 태초의 영적인 실체에 대하여 알아보기로 하겠습니다.

"태초"라는 단어는 원문(어근)에 "레쉬(רֹאשׁ)"라고 기록되어 있는데 레쉬(태초)의 뜻은 시작, 태초, 처음이라는 시제(시간)의 뜻도 있지만 존재의 의미로 '머리, 우두머리, 근원, 통치자'라는 뜻입니다. 이렇게 하나님이 말씀하시는 태초(레쉬)는 시제(시간)가 아니라 존재로서 하나님들(하나님의 아들들)의 우두머리(아버지) 곧 성부 하나님을 말씀하고 있습니다. 그래서 창세기 1장 1절의 뜻은 "성부 하나님 안에 있는 하나님들(성자)이 땅에 속한 육신의 존재들을 하늘에 속한 하나님의 아들로 창조하시겠다."는 말씀입니다.

때문에 태초(성부 하나님)는 단수이며 하나님(성

자)은 복수로 기록되어 있는 것입니다. 왜냐하면 아버지는 오직 한 분이시지만, 아버지가 낳는 아들은 여럿이 될 수 있기 때문입니다. 그리고 하나님이 말씀하시는 땅과 하늘이 사람들이 알고 있는 땅이나 하늘이 아니라 땅에 속한 존재와 하늘에 속한 존재라는 것은 성경이 말씀해 주고 있습니다.

[이사야서 1장 2-3절] 하늘이여 들으라 땅이여 귀를 기울이라 여호와께서 말씀하시기를 내가 자식을 양육하였거늘 그들이 나를 거역하였도다. 소는 그 임자를 알고 나귀는 주인의 구유를 알건마는 이스라엘은 알지 못하고 나의 백성은 깨닫지 못하는도다 하셨도다.

[이사야 49장 13절] 하늘이여 노래하라 땅이여 기뻐하라 산들이여 즐거이 노래하라.

> [시편 66편 4절] 온 땅이 주께 경배하고 주를 찬양하며 주의 이름을 찬양하리이다 할찌어다.

상기의 말씀들을 보면 하나님께서 하늘을 보고 들으라고 말씀하시며 땅을 향해 귀를 기울이라 말씀하고 있습니다. 그런데 하나님께서 말씀하고 있는 하늘이나 땅은 창공이나 지구를 말하는 것이 아니라 "하늘"은 하늘에 속한 존재 곧 영적 존재를 말하며 "땅"은 육적 존재들을 비유로 말씀하신 것입니다. 이렇게 하나님께서 말씀하시는 하늘과 땅은 우주 가운데 있는 천지를 말씀하시는 것이 아니라 존재 곧 세상 가운데 있는 인간들을 비유하여 말씀하고 있는 것입니다. 때문에 창세기 1장 1절은 성부하나님께서 성자 하나님을 통해서 육신에 속해 있는 그 땅을 하늘에 속한 하나님의 아들로 창조하시겠다는 뜻입니다.

　이와 같이 성경에 기록된 하나님의 말씀들은 창세기부터 요한계시록까지 모두 땅에 속한 죄인들을 구원하여 하나님의 아들로 창조하시는 과정을 기록해 놓은 것입니다. 때문에 창세기에 1장 1절의 말씀은 "성부 하나님 안에 있는 성자 하나님을 통해서 육에 속한 땅(존재)을 하늘에 속한 존재(하나님의 아들)로 만드시겠다."는 창조의 계획을 말씀하고 있는 것이다. 이러한 하나님의 창조의 계획에 따라 하늘이신 예수 그리스도는 아브라함으로부터 시작하여 다윗까지 열네 대, 다윗에서 바벨론 포로까지 열네 대, 바벨론 포로에서 예수 그리스도까지 열네 대, 모두 사십 이대의 창조 과정을 통해 땅이 하늘 곧 하나님의 아들로 창조되신 것입니다.

　이렇게 하나님의 아들 예수님은 하나님의 창조의 계획에 따라 하늘 곧 하나님의 아들로 창조되어 이 세상에 구원자로 오신 분입니다. 이와 같이 예수님은 어느 날 갑자기 처녀의 몸에 성령이 잉태하여 태어나신 것이 아니라 여호와 하나님의 창조의 여러 과정을 통해 태어나 오신 분입니다. 예수님이 이 세상에 오심으로 말미암아 신약시대가 시작되었고 따라서 이때부터 구원의 역사가 시작된 것입니다.

때문에 목회자들이 구약은 앞으로 오실 메시아를 기록한 것이며 신약은 오신 메시아를 기록한 것이라 말하고 있는 것입니다. 이렇게 구약의 창조의 과정을 통해서 하늘로 창조된 하나님의 아들이 이 세상에 오심으로 말미암아 구원의 사역이 시작되었고, 이때부터 땅에 속한 죄인들이 죄 사함을 받아 하나님의 생명으로 거듭나 하나님의 아들로 태어나게 된 것입니다. 문제는 창세기부터 말라기서까지 그 많은 이스라엘 백성들 가운데 하나님의 아들로 창조된 하나님의 아들은 예수님 한 분뿐이었으며 또한 예수님께서 이 세상에 오셔서 땅을 구원하여 하늘로 창조한 하나님의 아들도 그 많은 유대인들 가운에 예수님의 열두 제자 밖에 없었던 것입니다. 이것은 하나님이 계획하신 창조의 과정에 따라 하나님의 아들로 창조되기가 이렇게 힘들고 어렵다는 것을 말해주고 있는 것입니다.

그런데 오늘날 목사님들은 예수를 믿고 입으로 시인만 하면 구원을 받은 것은 물론 순간에 하나님의 아들이 되어 모두 천국으로 들어간다고 거짓 증거를 하고 있습니다. 뿐만 아니라 아직 자신도 하나님의 생명으로 거듭나지 못한 영적 소경들이 창세기 1장의 말씀을 하나님께서 우주와 자연 만물을 창조하셨다고 주장을 하며 거짓 증거를 하고 있다는 것입니다. 그러므로 목회자들이 예수님과 사도들과 같이 목회를 올바로 하려면 먼저 하나님의 창조의 과정을 올바로 알고 창조의 과정에 따라 하나님의 말씀으로 창조를 받아 하나님의 생명으로 거듭나야 합니다.

　이렇게 오늘날 목회자들이 예수님의 제자들과 같이 창조의 과정을 통해서 하나님의 아들로 거듭나 영안이 열리면 그때 말씀 속에 감추어진 하나님의 영적인 비밀을 올바로 알게 되고 따라서 예수님과 사도들과 같이 죽은 영혼들을 구원하여 하나님의 아들로 창조할 수 있게 되는 것입니다. 이상의 말씀은 창세기 1장 1절에 기록된 영적인 비밀을 말씀드린 것입니다.

하늘에서 온 그리스도의
열한 번째 편지

하나님께서 흙으로 만드신 땅

저는 그리스도의 열한 번째 편지를 보기 전에는 창세기 1장 2절에 땅이 혼돈하고 공허하다는 말씀과 흑암이 깊음 위에 있고 하나님의 신은 수면에 운행하신다는 말씀이 무슨 뜻인지 아무리 생각을 해보아도 알 수가 없어 너무 궁금하고 마음이 답답하였습니다. 그런데 열한 번째 편지를 보고 2절에 기록된 말씀의 영적인 뜻을 알게 되었습니다. 이제 그리스도의 열한 번째 편지에 기록된 말씀을 말씀드리겠습니다.

> [창세기 1장 2절] 땅이 혼돈하고 공허하며 흑암이 깊음 위에 있고 하나님의 신은 수면에 운행하시니라.

1장 2절에 땅이 혼돈하고 공허하다는 것은 하나님께서 처음에 흙으로 만드시는 땅은 영이 없는 혼적 존재이기 때문에 공허하고 혼돈하다는 뜻입니다. 즉 육신의 몸은 창조되었지만, 그 안에 하나님의 영(생명)이 없어 빈 쭉정이와 같이 허전하다는 것입니다. 그래서 하나님의 아들들이 그 땅 안에 하나님의 말씀을 채워서 하늘(알곡) 곧 하나님의 아들로 창조하시려는 것입니다. 때문에 하나님의 아들들을 통해서 땅에 하나님의 말씀으로 채워서 하늘 곧 하나님의 아들로 창조하시는 것입니다. 이렇게 하나님의 아들 곧 예수님을 통해서 땅에 속한 죄인들을 구원하여 하나님의 아들로 창조하시는 것이 하나님의 뜻입니다.

이어지는 말씀은 흑암이 깊음 위에 있고 하나님의 신은 수면 위에 운행하시니라고 말씀하고 있습니다. 왜냐하면 땅을 하늘로 창조하여 하나님의 아들을 만들려면 하나님의 신(성령)과 흑암의 존재 곧 사단이 존재해야 하기 때문입니다. 예를 들면 대장간에서 무쇠를 연장으로 만들어 사용하기 위해서는 불과 물이 있어야 하는 것과 같이 땅을 하늘로 창조하려면 하나님의 아들과 사단이 함께 있어야 하는 것입니다. 때문에 하나님의 보좌 앞에 하나님의 아들만 있는 것이 아니라 사단도 함께 있는 것입니다.

[욥기서 2장 1절-2절] 또 하루는 하나님의 아들들이 와서 여호와 앞에 서고 사단도 그들 가운데 와서 여호와 앞에 서니 여호와께서 사단에게 이르시되 네가 어디서 왔느냐 사단이 여호와께 대답하여 가로되 땅에 두루 돌아 여기저기 다녀왔나이다.

상기의 말씀을 보면 하나님 앞에 하나님의 아들들만 있는 것이 아니라 사단도 함께 서 있는 것을 볼 수 있습니다. 왜냐하면 교만한 욥을 굴복시켜 구원하려면 사단이 필요하기 때문입니다. 이렇게 광야에서 하나님의 백성들을 가나안 땅으로 인도하기 위해서는 구름기둥과 불기둥이 함께 있어야 하는 것입니다. 즉 땅을 하늘로 창조하기 위해서는 사랑만 가지고 되는 것이 아니라 징계와 채찍이 함께 동원되어야 한다는 뜻입니다.

때문에 예수님도 예외 없이 요단강에서 세례 요한에게 세례를 받고 성령이 하늘로부터 임하여 하나님의 아들로 거듭난 후 마귀에게 이끌려 광야로 나아가 금식하신 후 사단으로부터 시험을 받으신 것입니다. 이렇게 하나님의 아들이신 예수님도 마귀의 시험을 모두 통과한 후에야 그 때부터 구원의 사역을 시작하신 것입니다. 이와 같이 땅을 하늘로 창조하기 위해서는 하나님의 아들뿐만 아니라 사단도 함께 존재해야 하는 것입니다. 그래서 흑암(사단)은 깊은 어둠 속에 있고 하나님은 신(성령)은 수면 곧 하나님의 말씀 위에 운행하고 있다고 말씀하시는 것입니다. 이와 같이 하나님의 아들이나 사탄은 모두 땅을 하늘로 창조하는 사역자이며 하나님의 도구라는 것입니다.

1) 하나님께서 첫째 날 행하신 일

[창세기 1장 3절-5절] 하나님이 가라사대 빛이 있으라 하시매 빛이 있었고 그 빛이 하나님의 보시기에 좋았더라 하나님이 빛과 어둠을 나누사 빛을 낮이라 칭하시고 어두움을 밤이라 칭하시니라 저녁이 되며 아침이 되니 이는 첫째 날이니라.

하나님께서 첫째 날에 행하신 일은 빛이 있으라고 명하여 빛을 만드시고 빛과 어둠을 분리하여 빛을 낮이라 칭하시고 어둠을 밤이라 칭하신 일입니다. 그런데 하나님께서 말씀하고 있는 빛과 어둠 그리고 낮과 밤은 영적으로 무엇을 말씀하고 있는 것일까요? 하나님께서 첫째 날에 만드신 빛은 태양이 아니라 빛의 존재 곧 하나님의 아들이며 어둠은 하나님의 아들로 창조 받기 전의 땅 곧 육신의 존재들을 말하고 있습니다.

> [마태복음 5장 14~15절] 너희는 세상의 빛이
> 라 산 위에 있는 동네가 숨기우지 못할 것이요
> 사람이 등불을 켜서 말 아래 두지 아니하고 등
> 경 위에 두나니 이러므로 집안 모든 사람에게
> 비취느니라.

예수님께서 너희는 세상의 빛이라 말씀하고 있는
너희는 유대인들이 아니라 예수님의 제자들을 말씀
하고 있습니다. 이렇게 하나님께서 만드신 빛은 광
선(光線)이 아니라 존재로 하나님의 아들들을 말씀
하고 있습니다. 이렇게 하늘로 창조된 하나님의 아
들들이 빛이며 따라서 빛은 말(그릇) 안에 두지 아
니하고 사람들이 모두 볼 수 있도록 등경 위에 둔다
는 말씀입니다.

[요한복음 1장 9절-12절] 참 빛 곧 세상에 와서 각 사람에게 비취는 빛이 있었나니 그가 세상에 계셨으며 세상은 그로 말미암아 지은바 되었으되 세상이 그를 알지 못하였고 자기 땅에 오매 자기 백성이 영접지 아니하였으나 영접하는 자 곧 그 이름을 믿는 자들에게는 하나님의 자녀가 되는 권세를 주셨으니.

상기의 말씀에 세상에 오셔서 각 사람에게 비취고 있는 참 빛은 곧 하나님의 아들이신 예수님을 말씀하고 있습니다. 그런데 예수님은 본래 빛이 아니라 하나님께서 땅을 하늘로 창조하여 나타난 빛이며 하나님의 아들입니다. 문제는 참 빛이신 예수님(하나님의 아들)이 세상 곧 하나님의 백성들을 구원하러 오셨으나 세상(유대인)이 예수님을 알지 못하여 영접하지 아니했다고 말씀하고 있습니다. 유대인들은 하나님을 믿고 섬기는 하나님의 백성들임에도 불구하고 성경을 통해서 말씀하고 있는 하나님의 아들을 모르기 때문에 영접하지 않은 것입니다.

때문에 그 이름(예수님의 말씀) 곧 예수님의 입에서 나오는 말씀을 믿고 영접하는 자들에게는 하나님의 자녀가 되는 권세를 주시겠다는 것입니다. 그런데 예수님이 하시는 말씀을 믿고 영접한 자는 그 많은 유대인들 가운데에 예수님의 열두 제자 밖에 없었던 것입니다. 이상의 말씀과 같이 하나님께서 땅의 존재를 하늘의 존재로 창조하기 위해서는 반드시 빛이 있어야 합니다. 때문에 하나님께서 첫째 날에 빛을 창조하셨고, 빛을 창조하신 후 빛과 어둠을 나누어 빛을 낮이라 칭하시고 어둠을 밤이라 칭하신 것입니다.

이렇게 빛과 어둠 곧 하나님의 아들과 하나님의 백성들은 모두 하나님께서 창조하신 피조물들입니다. 하나님께서 첫 날에 빛을 창조하시고 나서 저녁이 되고 아침이 되었다고 말씀하고 있습니다. 하나님께서 아침이 되고 저녁이 된다고 말씀하시지 않고 저녁이 되고 아침이 된다고 말씀하신 것은 저녁은 죽음을 비유한 것이며 아침은 죽은 영혼이 살아나는 부활을 비유로 말씀하신 것입니다. 왜냐하면 저녁에 혼적인 죄인의 존재가 밤새도록 죽어야 아침에 살아나서 하나님의 생명으로 거듭나 하나님의 아들이 될 수 있기 때문입니다.

[창세기 1장 6절-8절] 하나님이 가라사대 물 가운데 궁창이 있어 물과 물로 나뉘게 하리라 하시고 하나님이 궁창을 만드사 궁창 아래의 물과 궁창 위의 물로 나뉘게 하시매 그대로 되니라 하나님이 궁창을 하늘이라 칭하시니라 저녁이 되며 아침이 되니 이는 둘째 날이니라.

하나님께서 둘째 날에 창조하신 것은 궁창입니다. 하나님은 궁창을 만드시고 물과 물로 나누셨다고 말씀하고 있습니다. 그러면 하나님이 만드신 궁창은 무엇이며 하나님께서 나누신 물과 물은 어떤 물을 말씀하고 있을까요? 원어 성경에 궁창이라는 단어는 "라키아(רָקִיעַ)로 기록되어 있으며 뜻은 "넓게 퍼진" 이라는 의미로 '궁창, 구렁, 분리된 공간'으로 말씀하고 있습니다. 이렇게 1장 8절에 하나님께서 만드신 궁창은 중앙분리대와 같이 애굽과 가나안 사이에 있는 광야를 말하며 또한 애굽과 광야 사이에 있는 홍해 바다와 광야와 가나안 사이에 있는 요단 강을 비유로 말씀하고 있습니다.

이렇게 하나님께서 물 가운데 궁창을 만드셔서 물과 물로 나누신 궁창은 애굽과 가나안 사이에 있는 광야를 말하며 궁창을 가운데 두고 물과 물로 나눈 아랫물과 윗물은 물과 생수 곧 말씀과 생명의 말씀을 비유하여 말씀하고 있습니다. 그래서 애굽 인들이 먹는 양식(말씀)과 광야 인들이 먹는 양식(말씀)과 가나안 인들이 먹는 양식(말씀)이 각기 다른 것입니다. 때문에 애굽에는 유교병(교리)이 있고 광야에는 무교병(율법)이 있고 가나안에는 산 떡(생명의 말씀)이 있는 것입니다. 이렇게 하나님께서 말씀하시는 아랫물과 윗물은 모두 하나님의 말씀을 차원에 따라 분류하여 말씀하고 있습니다.

2) 하나님께서 셋째 날에 행하신 일

[창세기 1장 9절-10절] 하나님이 가라사대 천하의 물이 한곳으로 모이고 뭍이 드러나라 하시매 그대로 되니라. 하나님이 뭍을 땅이라 칭하시고 모인 물을 바다라 칭하시니라 하나님의 보시기에 좋았더라.

하나님께서 천하의 물을 한곳으로 모이게 하고 물이 드러나도록 명하시니 하나님의 말씀대로 물이 드러나게 된 것입니다. 하나님은 물에서 드러난 뭍을 땅이라 칭하시고 모인 물을 바다라 칭하셔서 그때부터 바다와 땅(뭍)이 존재하게 된 것입니다. 그러면 물이 모인 바다는 영적으로 무엇을 말하며 물에서 드러난 뭍 곧 땅은 어느 곳을 말씀하고 있을까요? 물이 모여 있는 바다는 애굽 곧 세상을 말하며 땅(뭍)은 육지 곧 광야를 말씀하고 있습니다. 즉 바다(애굽)는 물고기들 곧 자유분방하며 자기 멋대로 살아가는 곳(종교인들)을 말하며 광야는 애굽에서 광야로 나온 짐승들 곧 하나님의 종들이 가나안 땅으로 들어가기 위해 시험과 연단을 받는 곳을 말하고 있습니다. 애굽이 바다라는 것은 성경에 기록된 말씀을 보면 알 수가 있습니다.

[이사야 63장 11절] 백성이 옛적 모세의 날을

상기의 말씀을 보면 하나님의 백성과 양 무리의 목자를 바다에서 올라오게 하셨다고 말씀하고 있습니다. 그런데 바다는 물고기가 사는 곳이지 사람이 사는 곳이 아닙니다. 때문에 하나님이 말씀하고 있는 바다는 실제 바다가 아니라 하나님의 백성과 목자들이 살고 있는 애굽 곧 오늘날 세상을 비유하여 말씀하신 것입니다. 왜냐하면 하나님께서 모세를 보내서 이스라엘 백성들을 구원해 낸 곳은 바다가 아니라 애굽 땅이고 물고기들이 아니라 사람들이기 때문입니다.

　상기의 말씀은 천지가 그(하나님)를 찬송할 것이요 바다와 그 중(안에 있는)의 모든 동물(물고기)도 찬송하라고 말씀하고 있습니다. 만일 바다와 그 안에 살고 있는 물고기들이 실제 바다의 물고기라면 물고기들이 어떻게 하나님을 찬송할 수 있단 말인가요? 때문에 바다는 인간들이 살고 있는 세상을 말하며 바다에서 살고 있는 물고기들은 하나님의 백성들을 비유로 말씀하고 있는 것입니다.

[요한계시록 20장 13절-15절] 바다가 그 가운데서 죽은 자들을 내어 주고 또 사망과 음부도 그 가운데서 죽은 자들을 내어 주매 각 사람이 자기의 행위대로 심판을 받고 사망과 음부도 불 못에 던지우니 이것은 둘째 사망 곧 불 못이라 누구든지 생명책에 기록되지 못한 자는 불 못에 던지우더라.

상기의 말씀은 마지막 날 심판 때에 하나님을 믿고 있는 하나님의 백성들에게 나타날 일들에 대해서 말씀하고 있습니다. 즉 마지막 때에 바다가 그 가운데서 죽은 자들을 내어 주고 또 사망과 음부도 그 가운데서 죽은 자들을 내어 준다고 말씀하고 있습니다. 그런데 바다가 그 가운데 있는 자들을 내어 주는 자들이 물고기들인가요? 아니면 사람들인가요? 만일 바다가 내어 주는 자들이 물고기라면 물고기들도 자기가 행한 대로 심판을 받는단 말인가요? 언어도단입니다.

때문에 바다는 애굽 곧 사람들이 살고 있는 이 세상을 말하며 바다 가운데 있는 자들은 물고기들이 아니라 하나님의 백성들을 비유로 말씀하고 있는 것입니다. 이렇게 자기 행위에 따라 심판을 받아 지옥 불로 들어가는 자들은 세상에서 자기 욕심을 채우기 위해 기복적인 신앙생활을 한 하나님의 백성들을 말하고 있는 것입니다. 그러나 하나님의 뜻에 따라 신앙생활을 올바로 하여 생명책에 기록된 자들 곧 땅이 하늘로 거듭난 하나님의 아들들은 하나님이 계신 천국으로 들어가게 됩니다.

그러므로 오늘날 기독교인들은 이 세상을 살아가면서 하나님의 뜻대로 신앙생활을 올바로 하여 하나님의 생명록에 기록이 되어야 합니다. 왜냐하면 하나님의 생명책에 기록되지 못하고 행위록에 기록된 자들은 심판을 받아 지옥의 불 못에 들어가기 때문입니다. 오늘날 기독교인들의 가장 심각한 문제는 자신의 살고 있는 곳이 애굽 곧 바다라는 것과 또한 자신의 존재가 물고기라는 사실 조차도 모르고 하나님의 아들로 착각하고 있다는 것입니다. 때문에 오늘날 기독교인들은 지금 자신이 머물고 있는 곳과 자신의 존재가 영적으로 어떤 존재인지를 알아야 합니다.

[창세기 1장 11절-13절] 하나님이 가라사대 땅은 풀과 씨 맺는 채소와 각기 종류대로 씨 가진 열매 맺는 과목을 내라 하시매 그대로 되어 땅이 풀과 각기 종류대로 씨 맺는 채소와 각기 종류대로 씨가진 열매 맺는 나무를 내니 하나님의 보시기에 좋았더라. 저녁이 되며 아침이 되니 이는 셋째 날이니라.

하나님께서 셋째 날에 말씀하고 있는 땅은 물이 한 곳으로 모여 드러난 뭍 곧 광야를 말하고 있습니다. 하나님께서 땅은 풀과 씨 맺는 채소를 각기 종류대로 씨가진 열매 맺는 과목을 내라 명하시매 땅이 풀과 각기 씨 맺는 채소와 씨를 가지고 열매 맺는 나무를 내었다고 말씀하고 있습니다. 왜냐하면 풀은 기는 짐승과 걷는 짐승과 육축과 새들이 먹어야 할 양식이고 씨 맺는 채소와 씨가지고 열매 맺는 나무는 하나님의 형상과 모양대로 지음을 받은 여자와 남자가 먹어야 할 양식이기 때문입니다.

그런데 하나님께서 말씀하시는 풀과 씨 맺는 채소와 씨가지고 열매 맺는 나무는 사람들이 먹는 식물들을 말하는 것이 아니라 하나님께서 구원해야 할 영혼들을 차원에 따라 분류하여 비사로 말씀하신 것입니다. 하나님께서 말씀하시는 나무나 채소나 풀들이 식물이 아니라 사람의 존재라는 것은 성경을 보면 알 수 있습니다.

[요한복음 15장 5절] 나는 포도나무요 너희는 가지니 저가 내 안에, 내가 저 안에 있으면 이 사람은 과실을 많이 맺나니 나를 떠나서는 너희가 아무것도 할 수 없음이라.

[열왕기하 19장 26절] 그러므로 그 거한 백성의 힘이 약하여 두려워하며 놀랐나니 저희는

마치 들의 풀 같고 나물(채소) 같고 지붕의 풀 같고 자라기 전에 마른 곡초 같으니라.

상기와 같이 예수님은 요한복음 15장을 통해서 나는(예수님) 포도나무고 예수님의 제자들은 포도나무에 붙어 있는 가지라고 말씀하고 있습니다. 그리고 열왕기 19장은 하나님의 백성들을 풀과 같고 나물(채소)과 같고 마른 곡초와 같다고 비유하여 말씀하고 있습니다. 이렇게 하나님께서 창세기를 통해서 말씀하고 계신 식물이나 물고기나 짐승들은 모두 사람의 존재 곧 하늘로 창조해야 할 땅들을 비유로 말씀하고 있는 것입니다.

저는 그리스도의 열한 번째 편지를 통하여 창세기의 말씀 속에 깊이 감추어져 있던 비유와 비사의 말씀을 알고 보니 창세기의 말씀은 영안이 없는 저는 물론 오늘날 기독교회의 목사님들이라 해도 볼 수 없고 이해할 수도 없는 비밀 중의 비밀의 말씀이라는 것을 알게 되었습니다. 때문에 우리에게는 영안이 열린 스승이 있어야 하고, 참 목자가 있어야 하고, 하나님께서 보내 주시는 구원자가 있어야 한다는 것을 깨닫게 되었습니다.

그러므로 오늘날 기독교인들은 무조건 신앙생활만 할 것이 아니라 먼저 하나님께서 오늘날 구원자로 보내 주시는 참 목자를 구하고 찾고 두드려야 한다고 생각합니다. 창세기 1장 14절 이하의 말씀은 추후에 전해드리도록 하겠습니다.

하늘에서 온 그리스도의
열두 번째 편지

몸이 살아서 영원히 산다는 기독교의 허구

하늘에서 온 그리스도의 열두 번째 편지는 죽은 몸이 다시 살아서 영원히 산다는 기독교회의 허구에 대하여 말씀하고 있습니다. 왜냐하면 기독교인들은 사도신경을 통해 몸이 다시 사는 것과 영원히 사는 것을 믿는다고 예배를 드릴 때마다 신앙을 고백하고 있기 때문입니다. 그런데 오늘날 신흥 종교의 교주가

나타나 자신의 몸은 죽지 않고 영원히 산다고 호언장
담을 하고 있는데 교주만 안 죽는 것이 아니라 교주
를 믿고 따르는 교인들도 모두 죽지 않고 영원히 산
다고 믿고 있습니다. 문제는 예수님이 부활 승천하신
이후 죽은 몸이 다시 살아나 죽지 않고 지금까지 살
아 있는 사람은 단 한 사람도 없다는 것입니다.

그럼에도 불구하고 오늘날 기독교인들은 지금도
죽은 몸이 다시 사는 것과 영원히 산다는 것을 믿고
있습니다. 그런데 그리스도의 열두 번째 편지를 열
어 보니 죽은 몸이 다시 살아서 영원히 산다는 것은
기독교가 만든 허구이며 거짓이라 말씀하고 있습니
다. 왜냐하면 성경에는 죽음 몸이 살아서 영원히 사
는 것이 아니라 죽은 영혼이 영(하나님의 생명)으로
부활하여 영원히 산다고 말씀하고 있기 때문입니다.
즉 죽은 몸이 살아서 영원히 사는 것이 아니라 하나
님의 생명으로 거듭난 영(하나님의 생명)이 영원히

산다는 뜻입니다.

그럼에도 불구하고 오늘날 기독교회는 지금도 죽은 몸이 다시 살아서 영원히 죽지 않는 부활의 종교라 말하고 있습니다. 저는 그리스도의 편지를 보고 몸이 다시 사는 것과 죽은 몸이 영원히 산다는 것은 기독교회가 만들어 낸 거짓이라는 것을 알았습니다. 그래서 저는 이러한 사실을 기독교인들에게 올바로 알려야 한다는 사명감을 가지고 그리스도의 열두 번째 편지를 기록하게 되었습니다.

오늘날 기독교회는 다른 종교와 다르게 죽은 몸이 다시 사는 부활의 종교라 말하고 있습니다. 왜냐하면 예수님께서 십자가에서 돌아가신 후 장사한 지 사흘 만에 죽은 몸이 다시 살아나셨기 때문입니다. 그러므로 기독교회는 모든 종교들 가운데 가장 위대하며 살아 있는 종교라고 주장을 하는 것입니다. 문제는 기독교회가 진정 부활의 종교라면 예수님의 죽은 몸이 다시 살아나신 것과 같이 오늘날 기독교인들도 죽은 몸이 다시 살아나야 기독교회는 진정한 부활의 종교이며 살아 있는 종교라 할 수 있다는 것입니다.

그런데 예수님께서 부활하신 이후 이천 년이 지난 지금까지 기독교인들 가운데 죽은 몸이 다시 살아나서 지금까지 살아 있는 사람이 단 한 사람도 없었다는 것입니다. 그럼에도 불구하고 기독교회는 지금도 죽은 몸이 다시 사는 부활의 종교라 큰소리치고 있는 것입니다. 그런데 오늘날 기독교인들 가운데 죽은 몸이 다시 살아난 사람이 없거나 앞으로도 죽은 자가 다시 살아나는 사람이 없다면 기독교회는 부활의 종교라 말할 수 없고 말해서도 안 되는 것입니다.

왜냐하면 오늘날 기독교인들 가운데 죽은 몸이

다시 살아나는 사람이 없다면 예수님이 장사한 지 사흘 만에 다시 살아났다는 것도 믿을 수 없는 일이기 때문입니다. 그러면 예수님이 장사한 지 사흘 만에 다시 살아나셨다는 것은 사실인가요? 아니면 거짓인가요? 문제는 기독교인들은 몸이 다시 사는 육신의 부활을 믿고 있지만, 성경에 기록된 말씀이나 예수님은 죽은 몸이 다시 사는 몸의 부활을 말씀하신 것이 아니라 죽은 영혼이 하나님의 생명으로 다시 사는 영의 부활을 말씀하고 있다는 것입니다.

왜냐하면 예수님은 영이시기 때문에 예수님의 말씀이나 행하시는 사건들이 모두 영적으로 말씀하고 있는데 기독교인들은 아직 하나님의 생명으로 거듭나지 못한 혼적 존재들이기 때문에 예수님의 말씀이나 행하는 사건들을 모두 육신적으로 듣고 보며 육적으로 말하고 있다는 것입니다. 때문에 예수님께서 유대인들에게 너희는 눈이 있어도 보지 못하고 귀가 있어도 듣지 못한다고 말씀하시는 것입니다. 그러나 유대인들이나 오늘날 기독교인들은 예수님이 하시는 말씀이나 행하시는 일들을 모두 육신의 눈으로 보고 듣고 안다고 말하고 있습니다.

성경을 보면 사두개인들이 오늘날 기독교인들과 같이 죽은 몸이 다시 사는 육신의 부활을 믿고 있는데 예수님은 죽은 몸이 다시 사는 것이 아니라 죽은 영혼이 다시 사는 영의 부활을 말씀하고 있다는 것입니다.

[마태복음 22장 23절-33절] 부활이 없다 하는 사두개인들이 그날에 예수께 와서 물어 가로되 선생님이여 모세가 일렀으되 사람이 만일 자식이 없이 죽으면 그 동생이 그 아내에게 장가들어 형을 위하여 후사를 세울찌니라 하였나이다. 우리 중에 칠 형제가 있었는데 맏이

장가들었다가 죽어 후사가 없으므로 그의 아내를 그 동생에게 끼쳐두고 그 둘째와 셋째로 일곱째까지 그렇게 하다가 최후에 그 여자도 죽었나이다. 그런즉 저희가 다 그를 취하였으니 부활 때에 일곱 중에 뉘 아내가 되리이까. 예수께서 대답하여 가라사대 너희가 성경도, 하나님의 능력도 알지 못하는 고로 오해하였도다 부활 때에는 장가도 아니 가고 시집도 아니 가고 하늘에 있는 천사들과 같으니라. 죽은 자의 부활을 의논할찐대 하나님이 너희에게 말씀하신바 나는 아브라함의 하나님이요 이삭의 하나님이요 야곱의 하나님이로라 하신 것을 읽어 보지 못하였느냐 하나님은 죽은 자의 하나님이 아니요 산자의 하나님이시니라 하시니 무리가 듣고 그의 가르치심에 놀라더라.

상기의 부활이 없다는 사두개인들은 오늘날 기독

교인들과 같이 육신이 다시 사는 몸의 부활은 철저히 믿고 있으나 혼이 영으로 다시 사는 영의 부활은 전혀 모르고 있는 것입니다. 때문에 부활이 없다는 사두개인들이 예수님에게 묻기를 일곱 형제가 있는데 큰형이 아내와 살다가 후사가 없이 죽고 둘째도 형수와 살다가 죽고 나머지 다섯 형제도 그 여자와 살다가 모두 죽으면 부활 때에 그 여인이 일곱 형제 중에 누구의 아내가 되느냐고 묻고 있는 것입니다. 이렇게 사두개인들은 죽은 몸이 다시 사는 몸의 부활을 철저히 믿고 있으나, 성경이나 예수님께서 말씀하시는 죽은 영혼이 다시 살아나는 영의 부활은 전혀 모르는 것입니다. 때문에 예수님께서 사두개인들에게 부활된 영의 세계는 모두 천사와 같이 육신의 몸이 없기 때문에 장가를 가거나 시집을 갈 수 없다고 말씀하시는 것입니다.

그럼에도 불구하고 오늘날 기독교인들은 지금도

사두개인들과 같이 몸이 다시 사는 몸의 부활을 믿고 있다는 것입니다. 왜냐하면 오늘날 기독교인들은 사도신경을 통해서 몸이 다시 사는 것과 영원히 사는 것을 믿는다고 날마다 신앙고백을 하고 있기 때문입니다. 그러므로 오늘날 기독교인들은 부활을 말하기 전에 성경을 통해서 예수님이 말씀하고 있는 부활에 대해서 올바로 알아야 합니다. 왜냐하면 성경이 말하고 있는 죽은 자가 다시 사는 부활을 올바로 모르면 부활이 될 수 없는 것은 물론 죽어서 천국으로 들어가지 못하고 지옥으로 들어갈 수 있기 때문입니다.

오늘날 기독교회는 부활의 소망을 가지고 예수님께서 살아나신 날을 기념하기 위해 부활절을 만들어 놓고 예배를 드리고 있습니다. 부활절은 예수님이 장사한 지 사흘 만에 죽은 자들 가운데서 살아나셨다는 날로 기독교인들에게 가장 큰 명절입니다.

이 날은 우리나라뿐만 아니라 전 세계의 기독교인들이 곳곳에 모여 예수님의 부활을 기념하는 부활절 예배를 드리고 있습니다. 이렇게 기독교인들이 해마다 부활절 기념행사를 하면서 바라고 원하는 것은 자신이 죽어서 장사된 후에 죽은 몸이 다시 살아나는 것입니다. 때문에 기독교인들이 죽으면 화장을 하지 않고 매장을 하는 것입니다.

왜냐하면 죽은 몸이 있어야 주님이 오시는 날에 다시 살아서 부활이 되는데 시신을 화장해 버리면 몸이 없어져 부활할 수가 없기 때문입니다. 그런데 기독교인들이 근래에 와서는 조금도 주저하지 않고 죽은 몸을 화장을 하고 있습니다. 왜냐하면 목사님이 교인들에게 화장을 하여 흔적조차 사라져버린 몸도 부활 때에는 분해된 몸의 원소들이 다시 원상태로 연합되어 부활이 된다고 거짓말 하기 때문입니다. 그런데 오늘날 기독교인들은 목사님들이 이렇게 임시방편으로 말하는 거짓말을 그대로 믿고 있는 것입니다.

그러므로 오늘날 기독교인들은 목사님들이 하는 거짓말을 믿지 말고 성경을 통해서 예수님이 말씀하시는 부활을 올바로 알아야 합니다. 기독교회가 지금까지 다른 종교와 다르다고 자부하는 것은 기독교만이 죽은 몸이 다시 사는 부활이 있고 타 종교에는 없다는 것 때문입니다. 그런데 예수님께서 부활하신 이후 기독교 이천 년 역사 속에 지금까지 부활된 사람이 단 한 사람도 없었고 또한 언제 일어날지도 모르고 있다는 것입니다. 이 말은 결국 부활이 오직 예수님 한 분에게만 일어났던 역사적인 사건이며 기독교회 안에는 부활이 없다는 것을 말해 주고 있는 것입니다.

그러므로 기독교회는 죽은 자가 다시 살아서 영

원히 사는 부활의 종교라 말해서는 안 되는 것입니다. 기독교회가 진정한 부활의 종교라면 기독교인들 가운데서 반드시 부활이 일어나야 하고 지금도 예수님과 같이 부활된 자가 살아 있어야 하는 것입니다. 왜냐하면 죄인들의 죄를 사해 주고 죽은 영혼들을 살리려면 예수님이나 사도들과 같이 죽은 자 가운데서 다시 살아난 하나님의 아들이 있어야 하기 때문입니다.

그런데 불행하게도 기독교 안에는 지금까지 죄인들의 죄를 사할 수 있고 죽은 영혼을 살릴 수 있는 구원자, 즉 부활된 자가 없었다는 것입니다. 그보다 기독교회의 더 큰 문제는 예수님이 죽은 자 가운데서 살아나신 부활의 진정한 의미와 부활의 실체를 지금도 모르고 있다는 것입니다. 왜냐하면 오늘날 기독교인들이 성경을 날마다 보면서도 사도 바울이 고린도전서 15장을 통해서 말씀하고 있는 부활에 대하여 전혀 모르고 있기 때문입니다. 사도 바울이 말씀하고 있는 부활은 죽은 몸이 다시 살아나는 것이 아니라 죽은 영혼이 하나님의 영 곧 하나님의 생명으로 다시 살아나는 것을 말씀하고 있습니다.

때문에 야고보서 2장 26절을 통해서 "영혼" 없는 몸이 죽은 것과 같이 행함이 없는 믿음은 죽은 것이라 말씀하고 있는데 원문에는 "영혼(프쉬케)" 없는 몸이 죽었다는 뜻이 아니라 하나님의 "영(프뉴마)" 곧 하나님의 생명이 없으면 죽은 것이라고 말씀하신 것입니다. 그런데 오늘날 기독교인들은 사람의 죽음이나 다시 사는 부활도 모두 육신적으로 믿고 있기 때문에 예수님이 말씀하시는 죽은 자도 육신의 몸이 죽은 자로 알고 있는 것입니다.

그러나 예수님은 육신이 살아 있어도 하나님의 영 곧 하나님의 생명이 없으면 죽은 자라 말씀하고 있는 것입니다. 그런데 기독교인들은 성경이나 예수님이 말씀하시는 죽은 자들이 어떤 자를 말씀하는지 조차도 모르고 있는 것입니다. 예수님은 몸은 살아 있다 해도 하나님의 영이 없으면 죽은 자라고 말씀하고 있습니다.

> [마태복음 8장 21-22절] 제자 중에 또 하나가 가로되 주여 나로 먼저 가서 내 부친을 장사하게 허락하옵소서 예수께서 가라사대 죽은 자들로 저희 죽은 자를 장사하게 하고 너는 나를 좇으라 하시니라.

상기와 같이 예수님은 지금 죽어 있는 사람이나 죽은 사람을 장사 지내려고 하는 살아 있는 사람이나 모두 죽은 자라 말씀하고 있습니다. 왜냐하면 몸은 살아 있다 해도 그 안에 하나님의 영 곧 하나님의 생명이 없기 때문입니다. 이와 같이 성경이나 예수님은 지금 살아 있는 사람이라 해도 그리고 예수님을 구주로 믿고 있는 기독교인이라 해도 아직 하나님의 영(하나님의 생명)이 없는 자는 모두 죽은 자라 말씀하고 있는 것입니다. 때문에 예수님을 믿고 입으로 시인한다 해도 아직 하나님의 영이 없는 기독교인들은 하루속히 하나님의 말씀을 통해서 하나님의 생명(영)으로 부활되어야 합니다.

이렇게 성경이나 예수님은 죽은 영혼이 하나님의 영으로 다시 거듭나는 것을 부활이라 말씀하고 있습니다. 때문에 예수님께서 요한복음 3장(1절-6절)을 통해 이스라엘의 선생인 니고데모에게 네가 거듭나지 않으면 하나님의 나라를 볼 수 없고, 또한 물과 성령으로 거듭나지 않으면 하나님의 나라(천국)에 들어갈 수 없다고 말씀하신 것입니다. 때문에 예수님은 육으로 난 것은 육이며 성령으로 난 것은 영이라고 말씀하신 것입니다.

　이와 같이 예수님은 육으로 난 자들은 다시 물과 성령으로 거듭나야 하늘나라를 볼 수 있고 천국에도 들어갈 수 있다고 분명하게 말씀하고 있는 것입니다. 이렇게 성경을 통해서 예수님께서 말씀하시는 죽은 자는 하나님의 영이 없는 자이며, 죽은 자가 다시 살아나는 부활도 죽은 몸이나 육신이 아니라 영혼이 영으로 거듭나는 것을 부활이라 말씀하고 있는 것입니다. 그러므로 예수님의 제자들도 예외 없이 죽은 영혼이 하나님의 영 곧 하나님의 생명으로 거듭나(부활)서 사도들이 된 것입니다.

　이렇게 성경이나 예수님께서는 말씀하시는 부활은 죽은 몸이 다시 사는 것을 말씀하신 것이 아니라 죽은 영혼이 하나님의 영(성령)으로 다시 사는 영의 부활을 말씀하고 있는 것입니다. 만일 오늘날 기독교인들이 예수님의 제자들이나 사도 바울과 같이 죽은 영혼이 하나님의 영 곧 하나님의 생명으로 거듭나게 된다면 그때 예수님이 말씀하신 부활의 의미를 분명히 알게 될 것입니다.

이상과 같이 죽은 자들과 육신에 속한 자들은 사후의 부활과 몸의 부활을 믿는 것이며, 하나님의 생명으로 거듭나 영에 속한 자들은 현재의 부활과 영의 부활을 말씀하고 있는 것입니다. 그러므로 예수님께서 육으로 난 자는 육이요 성령으로 난 자는 영이라 말씀하신 것인데, 이 말은 육으로 난 자들은 모든 것을 육신적으로 보고 말하는 것이며, 영으로 난 자는 모든 것을 영으로 보고 영적으로 말한다는 뜻입니다. 때문에 예수님은 아직 영으로 거듭나지 못한 육신의 존재들에게 너희는 귀가 있어도 듣지 못하고 눈이 있어도 보지 못하고 마음이 있어도 깨닫지 못한다고 말씀하시는 것입니다. 때문에 오늘날 기독교인들은 하나님의 말씀을 통해서 하루속히 하나님의 생명으로 거듭나야 하는 것입니다.

　　그러므로 예수님께서 말씀하시는 부활은 사도 바울과 같이 자신 안에서 예수님의 생명이 부활된 자만이 말할 수 있고 증거도 할 수 있는 것입니다. 사도 바울은 자신 안에 죽어 있던 혼의 생명이 하나님의 영 곧 하나님의 생명으로 부활이 되었기 때문에 고린도전서 15장을 통해서 예수님의 부활을 분명하고도 확실하게 증거하고 있는 것입니다.

[고린도전서 15장 12절-22절] 그리스도께서 죽은 자(들) 가운데서 다시 살아나셨다 전파되었거늘 너희 중에서 어떤 이들은 어찌하여 죽은 자 가운데서 부활이 없다 하느냐 만일 죽은 자의 부활이 없으면 그리스도도 다시 살지 못하셨으리라 그리스도께서 만일 다시 살지 못하셨으면 우리의 전파하는 것도 헛것이요 또 너희 믿음도 헛것이며 또 우리가 하나님의 거짓 증인으로 발견되리니 우리가 하나님이 그

리스도를 다시 살리셨다고 증거하였음이라 만일 죽은 자가 다시 사는 것이 없으면 하나님이 그리스도를 다시 살리시지 아니하셨으리라.

만일 죽은 자가 다시 사는 것이 없으면 그리스도도 다시 사신 것이 없었을 터이요 그리스도께서 다시 사신 것이 없으면 너희 믿음도 헛되고 너희가 여전히 죄 가운데 있을 것이요 또한 그리스도 안에서 잠자는 자도 망하였으리니 만일 그리스도 안에서 우리의 바라는 것이 다만 이생뿐이면 모든 사람 가운데 우리가 더욱 불쌍한 자리라 그러나 이제 그리스도께서 죽은 자 가운데서 다시 살아 잠자는 자들의 첫 열매가 되셨도다. 사망이 사람으로 말미암았으니 죽은 자의 부활도 사람으로 말미암는도다 아담 안에서 모든 사람이 죽은 것같이 그리스도 안에서 모든 사람이 삶을 얻으리라.

지금 예수님의 부활을 말씀하고 있는 사도 바울은 예수님께서 십자가에 돌아가실 때나 장사한 지 사흘 만에 부활하실 때도 현장에 없었던 것은 물론 그 당시에는 예수님과 예수를 믿고 따르는 자들을 이단자로 잡아서 처형하는 자였습니다. 바울(사울)은 스테판 집사를 돌로 쳐 죽이는 현장에도 감독관으로 있던 자였습니다. 때문에 예수님이 돌아가신 것이나 장사한 지 사흘 만에 부활하신 것도 전혀 몰랐던 자입니다. 그런데 예수님의 부활을 직접 목격한 것보다 더 분명하고 확실하게 증거하고 있는 것입니다. 왜냐하면 예수님이 부활하신 것처럼 사도 바울도 죽은 자들 가운데서 살아나는 부활이 자신 안에서 일어났기 때문입니다.

그러므로 사도 바울은 지금 부활이 없다고 하는 자들 곧 죽은 몸이 다시 사는 부활을 믿고 있으나 죽은 영혼이 다시 사는 영의 부활을 부정하는 자들을 향해 말씀하고 있는 것입니다. 사도 바울은 상기의 말씀을 통해서 그리스도(예수님)께서 죽은 자 가운데서 부활하셨다고 전파되었거늘, 너희는 왜 그리스도께서 죽은 자 가운데서 부활하신 것을 믿지 않고 부인을 하느냐는 것입니다. 그런데 만일 우리 가운데서 죽은 자가 다시 살아나는 부활이 없다면 하나님이 그리스도도 살리지 않았을 것이고 또한 우리가 지금 그리스도가 죽은 자 가운데서 다시 살아나셨다고 증거하는 것도 거짓이라는 것입니다.

즉 우리 가운데서 죽은 자가 부활이 되고 있기 때문에 그리스도도 죽은 자 가운데서 살아나신 것이 분명하다는 것입니다. 지금 사도 바울이 예수님께서 죽은 자 가운데서 살아나셨다는 것과 또한 지금 우리 가운데서 죽은 자가 다시 살아나는 부활은 죽은 몸이 다시 사는 육신의 부활이 아니라 죽은 영혼이 하나님의 영 곧 하나님의 생명으로 다시 사는 영

의 부활을 말씀하고 있는 것입니다. 왜냐하면 예수
님의 영혼도 죽은 자들 가운데 있다가 하나님의 능
력으로 영으로 부활하여 하나님의 아들이 되셨다고
말씀하고 있기 때문입니다.

오늘날 기독교인들은 예수님이 성령으로 잉태하
여 하나님의 아들이 되었다고 믿고 있지만, 사도 바
울은 예수님께서 육신의 씨를 받고 태어나서 죽은
자들 가운데 있다가 하나님의 능력으로 부활하여
그리스도가 되셨다고 분명하게 말씀하고 있습니다.
그러므로 사도 바울은 로마서 1장을 통해서 예수님
의 육신은 다윗의 혈통(씨)을 받아 태어나셨고, 성
결의 영 곧 하나님의 생명은 하나님의 능력으로 죽
은 자 가운데서 부활하여 하나님의 아들로 태어났
다고 말씀하고 있는 것입니다.

[로마서 1장 3절-4절] 이 아들로 말하면 육신으로는 다윗의 혈통에서 나셨고 성결의 영으로는 죽은 가운데서 부활하여 능력으로 하나님의 아들로 인정되셨으니 곧 우리 주 예수 그리스도시니라.

(원문성경에는 이 아들(예수)로 말하면 육신으로는 다윗의 씨에서 나셨고 성결의 영은 하나님의 능력으로 죽은 자 가운데서 부활하여 하나님의 아들로 인정되셨으니 곧 우리 주 예수 그리스도시니라. 라고 기록되어 있습니다.)

상기의 말씀에 "이 아들"은 예수님을 말씀하고 있습니다. 그런데 이 예수님으로 말하면 육신은 다윗의 혈통으로 나셨다고 말씀하고 있는데, 원문에는 혈통이란 단어는 "스페르마($\sigma\pi\acute{\epsilon}\rho\mu\alpha$)"로 기록되어 있으며 뜻은 "씨"입니다. 이렇게 예수님의 육신은 인간들과 동일하게 다윗의 혈통(씨)인 요셉(예수님의 아버지)의 씨를 받아 태어났다고 말씀하고 있습니다. 그리고 예수님의 안에 있는 성결의 영(성령) 곧 하나님의 생명은 하나님의 능력으로 죽은 자 가운데서 부활되어 하나님의 아들(성령의 잉태)로 거듭나 예수 그리스도가 되셨다고 말씀하고 있습니다. 즉 예수님이 하나님의 생명(능력)으로 부활되기 전에는 예수님도 죄인들과 동일한 혼적 생명으로 죽은 자들 가운데 있었다는 뜻입니다.

이렇게 예수님의 "육신"은 다윗의 씨를 받아 태어나셨고 "성령" 곧 예수님 안에 임한 "하나님의 생명"은 하나님의 능력으로 죽은 자들 가운데서 부활하여 하나님의 아들로 태어나셨다고 분명하게 말씀하고 있습니다. 때문에 예수님은 태어난 지 팔일 만에 할례를 받으셨고, 삼십 세가 되던 해에 요단강으로 나아가 세례 요한으로 세례를 받을 때 성령이 비둘기 같이 임하여(성령의 잉태) 하나님의 아들로 태어나신(부활) 것입니다.

　예수님이 죄인들이 받는 할례를 받으시고 다시 요단강으로 나아가 세례를 받으신 것은 예수님도 하나님의 생명으로 부활되기 전에는 인간들과 동일한 죄인이었다는 것을 말해 주고 있는 것입니다. 이와 같이 예수님도 세례를 받으실 때 하나님의 능력으로 부활이 되어 하나님의 아들로 태어나신 것입니다. 이렇게 예수님은 물론 사도 바울도 하나님의 능력으로 죽은 자 가운데서 부활하여 하나님의 아들이 되신 분들입니다. 때문에 사도 바울이 부활은 죽은 몸이 다시 사는 육신의 부활이 아니라 죽어 있는 영혼이 하나님의 영(생명)으로 거듭나는 것을 부활이라 말씀하고 있는 것입니다. 그런데 "부활이 없다"고 말하는 사두개인이나 오늘날 기독교인들은 사후에 몸이 다시 사는 육신의 부활은 믿고 있으나 혼이 영으로 다시 사는 영의 부활은 부정을 하고 있는 것입니다. 때문에 사도 바울은 만일 지금 죽은 자가 다시 사는 부활이 없다면 "그리스도도 다시 살지 못하였으리라"라고 말씀하고 있는 것입니다.

그런데 그리스도가 부활되었다는 확실한 증거는 그리스도가 죽은 자들 가운데서 부활하여 하나님의 아들이 되신 것과 같이 지금도 우리 가운데서 죽은 자들이 부활하여 하나님의 생명으로 다시 살아나는 자들이 있기 때문에 그리스도 곧 예수님이 부활되신 것도 확실하다는 것입니다. 이와 같이 사도 바울은 자기 안에서 그리스도가 부활이 되어 하나님의 아들로 거듭나 사도가 되셨기 때문에 예수님의 부활하심과 현재 죽은 자가 다시 살아나는 영의 부활에 대하여 담대히 그리고 확실하게 증거하고 있는 것입니다. 그리고 사도 바울은 이어서 "사망이 사람으로 말미암았으니 죽은 자의 부활도 사람으로 말미암는도다”라고 말씀하고 있습니다.

이 말씀은 사람이 죽는 것도 사람(삯꾼목자)에 의해서 죽고 죽은 사람이 다시 사는 것도 사람(참 목자)에 의해서 다시 산다는 뜻입니다. 때문에 오늘날 기독교인들은 오늘날 하나님의 생명으로 거듭나 하나님의 아들이 되어 오신 오늘날의 구원자를 믿어야 하는 것입니다. 왜냐하면 오늘날 살아 계신 예수님을 믿고 그의 말씀을 들어야 죽어 있는 영혼이 다시 살아서 하나님이 아들로 거듭날 수 있기 때문입니다.

하나님께서는 오늘날 기독교인들을 구원하고 살리기 위하여 오늘도 변함없이 하나님의 생명으로 거듭난 하나님의 아들들을 지금도 보내 주고 계십니다. 그런데 기독교인들은 영안이 없기 때문에 하나님께서 오늘날 구원자로 보내 주시는 하나님의 아들을 모르고 부정을 하며 설령 오늘날 예수님이 계신다 해도 모두 이단자로 배척을 하고 있는 것입니다. 그러므로 오늘날 하나님께서 구원자로 보내 주신 하나님의 아들도 예수님과 같이 기독교 주변을 곁돌면서 여우도 굴이 있고 새도 집이 있는데 인자는 머리 둘 곳도 없다고 한숨짓고 계신 것입니다.

이렇게 예수님은 알파와 오메가, 즉 시작부터 끝까지 예전에도 계셨고 현재도 계시며 앞으로도 영원토록 살아 계십니다. 그런데 기독교인들이 성경을 날마다 보고 쓰기도 하면서도 오늘날 하나님께서 구원자로 보내 주시는 하나님의 아들이 누구인지도 모르고 오히려 이단자로 배척을 하고 있는 것입니다. 그러나 하나님께서 구원자로 보내 주시는 하나님의 아들을 배척하는 것은 성령을 훼방하는 죄로 이 세상이나 오는 세상에서도 죄 사함을 받지 못하는 것입니다.

때문에 오늘날 기독교인들은 성경을 통해서 다른 것은 모른다 해도 하나님께서 오늘날 구원자로 보내 주시는 하나님의 아들은 반드시 알아야 합니다. 그리고 하나님께서 오늘날 구원자로 보내 주시는 하나님의 아들을 영접해야 합니다. 왜냐하면 하나님께서 오늘날 구원자로 보내 주시는 하나님의 아들을 영접하는 자 곧 그 입에서 나오는 말씀을 영접하는 자는 하나님의 자녀가 되는 권세를 주신다고 말씀하고 있기 때문입니다. 이상은 하나님께서 보내 주신 그리스도의 마지막 열두 번째 편지입니다.

저는 지금까지 하나님께서 보내 주신 그리스도의 편지를 보고 기록하면서 그동안 성경 속에 감추어져 있던 수많은 영적 비밀을 알게 되었고 한량없는 하나님의 큰 은혜를 받았습니다. 때문에 저와 같이 그리스도의 편지를 끝까지 읽어 보신 분들은 모두 저와 같이 하나님의 은혜와 더불어 성경 속에 감추어

져 있던 영적인 비밀을 모두 알게 되었으리라 믿습
니다.

이렇게 하나님의 은혜로 말씀의 영적인 비밀들을
알게 되신 분들은 지금도 우리 주변에서 진리를 찾
고 있는 영적인 나그네 고아 과부들에게 이 말씀을
전해 주어야 합니다. 그러면 하나님께서 기뻐하실
것이며 언젠가는 주님께서 생명의 면류관을 씌워
주실 것입니다. 끝으로 저는 그리스도의 편지에 기
록된 말씀들을 하나님의 말씀으로 믿고 보고 영접
하신 분들은 모두 말씀의 영적인 비밀을 깨닫고 하
나님의 생명으로 부활되어 하나님의 아들로 거듭나
기를 간절히 기원하는 바입니다.   -아멘-

하나님의 뜻이 하늘에서 이루어진 것같이 땅에서
도 이루어지이다.

삼위일체(三位一體) 하나님

오늘날 기독교인들이 믿고 있는 삼위일체(三位一體) 하나님은 어떤 하나님들을 말씀하고 있으며 무슨 뜻일까요? 삼위일체 하나님은 기독교회의 주축(主軸)이 되는 하나님으로 오늘날 기독교인들은 물론 천주교인들도 성부와 성자와 성신의 이름으로 기도하며 열심히 믿어 오고 있습니다. 때문에 삼위일체 하나님을 부인하거나 믿지 않는 사람은 이단시하고 있는 것입니다.

그런데 목사님들이나 신부님들에게 삼위일체(三位一體) 하나님에 대하여 물어보면 삼위일체라는 것을 믿으라고 말할 뿐 올바로 알고 대답해 주는 분이 없다는 것입니다. 왜냐하면 삼위일체라는 말은 기독교회가 교리로 만든 하나님으로 성경에는 그 어느 곳에서도 찾을 볼 수 없기 때문입니다. 이와 같이 삼위일체 하나님은 성탄절이나 부활절과 같이 기독교가 만들어 섬기는 하나님입니다. 이러한 행위는 하나님께서 하나님의 백성들에게 지키라는 십계명의 제1계명과 제 2 계명을 범하고 있는 행위입니다.

> [제 1-2 계명] 너는 나 외에는 다른 신들을 네게 있게 말찌니라. 너를 위하여 새긴 우상을 만들지 말고 또 위로 하늘에 있는 것이나 아래로 땅에 있는 것이나 땅 아래 물속에 있는 것의 아무 형상이든지 만들지 말며 그것들에게 절하지 말며 그것들을 섬기지 말라.

상기의 다른 신들은 원문 성경에 이방신이 아니라 다른 하나님을 말씀하고 있으며 너를 위해 만드는 우상은 마리아의 형상이나 예수님의 형상이나 십자가 형상뿐만 아니라 물속에 있는 우상 곧 하나님의 말씀을 변형하여 각종 교리를 만들어 섬기지 말라는 뜻입니다. 그런데 오늘날 기독교회는 하나님께서 대대로 지켜 행하라는 십계명을 모두 외면하거나 폐하여 버리고 각종 형상과 교리를 만들어 섬기고 있는 것입니다. 때문에 하나님은 신명기 4장 말씀을 통해서 이렇게 말씀하고 있습니다.

[신명기 4장 1절-2절] 이스라엘아 이제 내가 너희에게 가르치는 규례와 법도를 듣고 준행하라 그리하면 너희가 살 것이요 너희 열조의 하나님 여호와께서 너희에게 주시는 땅에 들어가서 그것을 얻게 되리라. 내가 너희에게 명하는 말을 너희는 가감하지 말고 내가 너희에게 명하는 너희 하나님 여호와의 명령을 지키라.

상기의 말씀은 너희가 하나님의 규례와 법도를

듣고 준행하면 살 것이며 또한 내가 너희 열조의 하나님께서 너희에게 주는 땅에 들어가서 그것(영생)을 얻으리라고 말씀하고 있습니다. 그런데 너희는 내가 명하는 말을 조금도 더하거나 감하지 말고 지켜야 한다는 것입니다. 그런데 하나님께서 지키라는 언약 곧 규례와 법도는 우리 열조와 세우신 것이 아니라 오늘날 지금 살아 있는 우리(기독교인들)와 세우신 것이라 말씀하고 있습니다.

[신명기 5장 1절-3절] 모세가 온 이스라엘을 불러 그들에게 이르되 이스라엘아 오늘 내가 너희 귀에 말하는 규례와 법도를 듣고 그것을 배우며 지켜 행하라 우리 하나님 여호와께서 호렙 산에서 우리와 언약을 세우셨나니 이 언약은 여호와께서 우리 열조와 세우신 것이 아니요 오늘날 여기 살아 있는 우리 곧 우리와 세우신 것이라.

상기의 말씀과 같이 하나님께서 지켜 행하라는 규례와 법도는 이스라엘 백성들뿐만 아니라 오늘날 지금 살아 있는 우리에게도 세우신 것입니다. 때문에 오늘날 기독교인들도 하나님의 규례와 법도를 잘 듣고 지켜 행하면 살고 지키지 않으면 죽는 것입니다. 그런데 오늘날 기독교인들은 예수님께서 오셔서 율법을 폐하셨다고 거짓말을 하면서 지키지 않고 있습니다. 그러나 예수님은 율법을 더 온전하게 하려고 오셨다고 말씀하고 있으며 율법을 폐하신 적이 없다는 것입니다.

이와 같이 하나님의 율법을 폐한 것은 예수님이 아니라 삯꾼목자입니다. 그러면 삼위일체라는 말씀은 무슨 뜻인가요? 삼위일체라는 말씀을 굳이 설명을 한다면 하나님은 세 분 하나님이 계시지만, 하나님의 위는 삼위 곧 아버지 아들 손자와 같이 성부와 성령과 성자 하나님의 세 위가 있다는 뜻입니다.

　그리고 삼위일체라는 뜻은 하나님은 세 위로 나누어져 있지만, 그 안에 있는 생명은 모두 동일한 생명 곧 영원한 하나님의 생명이라는 뜻입니다. 때문에 하나님은 삼위일체라고 말을 하고 있는 것입니다. 왜냐하면 고린도전서 11장을 통해서 남자(예수님)의 머리는 그리스도(성령)이며 그리스도의 머리는 하나님(성부)이라 말씀하고 있기 때문입니다. 그래서 하나님은 삼위일체 하나님이라 말할 수 있는 것입니다. 이상은 삼위일체 하나님에 대한 설명입니다. 이제 삼위일체 하나님에 대하여 오해 하지 말고 잘 섬기시기 바랍니다.

진리의샘터 의증서원

시중서점에 출판 된 책 (둘로스데우 C. 저서)

1. 주기도문 해설서
2. 십계명 해설서
3. 요한복음 해설서
4. 요한계시록 해설서
5. 창세기 해설서
6. 도마복음 해설서
7. 성경에 나타난 전생과 윤회
8. 지옥에서 천국까지

하늘에서 온
그리스도의 편지

조판 인쇄 2025년 04월 28일
초판 발행 2025년 04월 30일
지 은 이   둘로스 데우. C
발 행 인   이용재
발 행 처   의증서원
　　　　　서울특별시 동대문구 고미술로 49 의증빌딩 4층
　　　　　Mobile : 010-8752-4764 / 010-6630-0434
　　　　　E-mail : gmu4321@hanmail.net
등록년월일 1996년 1월 30일
등록번호   제5-524호
ISBN 978-89-87272-59-7

정가 18,000원
국민은행 806201-04-112331 / 예금주 김정숙

· 잘못된 책은 교환해 드립니다.
· 저자와의 협의에 의해 검인 생략